INSTITUTIONAL REVIEW BOARD

IRB와 법의 이해

박수헌 지음

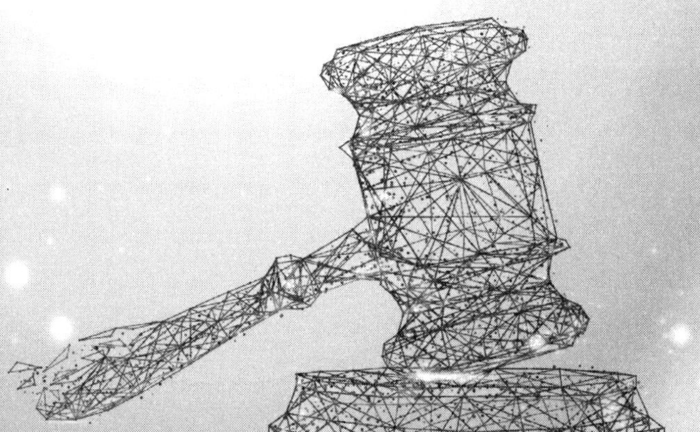

유원북스

프롤로그

출퇴근 지하철 광고판에서 임상시험에 참여하는 대상자 모집 공고문을 수시로 볼 수 있을 정도로 임상시험은 우리 주변에 이미 다가와 있다. 사람을 대상으로 하는 연구인 임상시험과 사회행동과학연구의 획기적 증가로 인하여 연구에 참여하는 대상자 보호에 대한 사회적·국가적 관심도 크게 증가하고 있다. 뿐만 아니라 우리가 강점을 가지고 있는 바이오의약품 산업이 4차 산업혁명의 핵심으로 자리 잡아 임상시험의 중요성과 횟수는 앞으로 증가할 수밖에 없을 것이다.

임상시험에 참여하면 병을 고칠 수 있을까? 부작용은 없이 안전할까? 개인정보는 어떻게 보호될까? 임상시험에 참여하는 것이 어떤 의미일까? 등 임상시험 관련 많은 질문들이 제기될 수 있고 참여하는 대상자 보호의 필요성도 그에 비례하여 중요해지고 있다. 뿐만 아니라 인간의 존엄성 존중과 사생활 보호를 위해 사회행동과학연구에 참여하는 대상자 보호의 필요성도 중요해지고 있다. 이러한 대상자 보호를 위한 핵심 역할을 하는 것이 바로 "임상시험심사위원회" 또는 "기관생명윤리위원회"라 불리는 IRB(Institutional Review Board)이다.

이처럼 인간대상연구에 참여하는 대상자의 보호를 위해 IRB의 필요성이 증대됨에 따라 병원 및 연구기관 등에서도 IRB 전문인력이 그만큼 더 필요하게 되었다. 뿐만 아니라, 일반 시민도 임상시험 및 사회행동과학연구에 참여할 때 스스로 자신을 보호하기 위해서라도

IRB에 관한 이해가 절실히 요구되고 있다. 이에 필자는 연구에 참여하는 대상자 보호 및 윤리기준을 준수한 신뢰할 수 있는 연구를 위한 국제윤리기준 및 법과 IRB에 관한 기본서의 필요성을 느껴 이 책을 발간하게 되었다. 그러므로, 이 책은 IRB 관련 전문인력 양성을 위한 기초지식의 배양, IRB 관련기관 취업의 기반 마련, IRB 위원의 심의 능력 고양, IRB에 관한 일반 시민의 이해도 향상 등을 위한 기본서 역할을 할 수 있을 것으로 기대한다.

이 책은 총 8개 파트로 구성되어 있다.

Ⅰ. IRB · 인간대상연구 · 연구대상자 보호 · 「임상시험 및 대상자 보호 프로그램」에서는, 인간대상연구에 참여하는 연구대상자를 보호하는 핵심 역할을 하는 IRB에 대한 기본적인 이해, IRB의 심의 대상이 되는 인간대상연구와 임상시험의 이해, 연구대상자 보호와 법령상 규정되어 있는 연구대상자 보호 원칙의 이해, 임상시험에 참여하는 시험대상자 보호 프로그램의 이해, 4차 산업혁명 중 핵심인 바이오의약품 산업에 있어서 IRB의 필요성 이해 등을 기술하였다.

Ⅱ. IRB 관련 고전적 사례에서는, IRB의 필요성을 이해하고 연구대상자의 권리와 복지를 보호하기 위해 IRB를 위한 규제의 필요성과 규제를 준수하는 것이 어떻게 연구대상자 보호를 도울 수 있는지를 이해하기 위한 고전적 사례를 알기 쉽게 소개하였다. 예컨대, 흑인을 착취한 터스키기 매독연구, 임상시험에 참여한 대상자를 사망케 한 유전자 이식 실험, 팔다리가 기형적으로 짧은 선천적 장애아를 출생케 한 탈리도마이드 비극, 원자폭탄의 효과를 시험하기 위해 플루

토늄을 시험대상자들에게 주입한 인체방사능 실험 등을 다루었다.

Ⅲ. IRB 관련 국제윤리기준에서는, 인간대상연구에 영향을 줄 수 있는 국제적으로 공통된 윤리적 쟁점들의 이해와 인간대상연구의 국제 가이드라인의 이해를 위해 주요 윤리기준을 기술하였다. 예컨대, 벨몬트보고서, 헬싱키선언, CIOMS 지침 등을 소개하고 있다. 특히, CIOMS 지침은 2016년에 개정되었는바, 필자가 전문 번역하여 이 책의 본문에 필요한 조문들을 기술하였고 부록에는 전문을 수록하였다.

Ⅳ. IRB 관련 법에서는, 법을 통하여 연구대상자 보호를 위한 IRB 관련 내용을 강제적으로 요구하게 되었다는 사실과 정부의 타율 규제는 연구자의 자율을 최대한 보장하면서 연구를 촉진하는 동시에 적절한 연구수행이 이루어질 수 있도록 윤리의 최저한을 규제하도록 법령을 정비해 두고 있다는 사실을 기술하였다. IRB의 설치, 운영 및 이용, 역할, 구성, 평가 및 인증 등 IRB와 연구대상자 보호를 위한 「생명윤리 및 안전에 관한 법률」의 해당 조문들, 임상시험과 대상자 보호를 위한 「약사법」·「의약품 등의 안전에 관한 규칙」·「의약품 임상시험 관리기준」의 해당 조문들, 대상자의 개인정보 보호를 위한 「개인정보 보호법」의 해당 조문들을 소개하였다.

Ⅴ. IRB 관련 핵심 개념에서는, IRB가 연구계획서와 설명문 동의서를 심의할 때 대상자를 보호하고 심의의 전문성 등을 높이기 위해 충분한 정보에 의한 동의, 취약한 환경에 있는 시험대상자, 이해상충, 사생활 보호와 비밀보장 등과 같은 주요 개념의 내용과 관련 법령 및 국제윤리기준의 규정을 기술하였다.

Ⅵ. IRB와 임상시험에서는, IRB가 임상시험계획서와 설명문 동의서를 심의할 때 대상자를 보호하고 심의의 전문성 등을 높이기 위해 임상시험 관련자들(임상시험 책임자, 임상시험 의뢰자, 임상시험 실시기관 등)의 역할과 책임, 임상시험의 위험성 및 유용성, 임상시험의 주요 특징의 내용, 관련 법령 및 국제윤리기준의 규정을 기술하였다.

Ⅶ. IRB와 사회행동과학연구에서는, IRB가 연구계획서와 설명문 동의서를 심의할 때 대상자를 보호하고 심의의 전문성 등을 높이기 위해 사회행동과학연구의 의의 및 특징, 연구의 유형별 IRB 심의 이슈의 내용, 관련 법령 및 국제윤리기준의 규정을 기술하였다.

Ⅷ. IRB 소송에서는, IRB와 IRB 위원들을 대상으로 연구자 및 대상자 등이 법적 소송을 제기할 수 있다는 현실에 비추어, IRB 소송이 제기되는 원인과 제기된 IRB 소송의 유형 및 내용을 미국 사례를 중심으로 기술하였다.

IRB 및 IRB의 심의 절차가 눈부시게 발전하는 신약 개발과 바이오의약품 산업 및 사회행동과학연구에 대한 장애물이 아니라 적절한 견제작용을 함으로써 이들의 발전을 도울 수 있다는 것을 필자는 이 책을 통해 나타내고자 하였다. IRB와 관련 법에 대한 이해를 높이는 데 이 책이 조금이라도 도움이 되길 바란다.

차 례

I.

IRB · 인간대상연구 · 연구대상자 보호 · 「임상시험 및 대상자보호 프로그램」

학습목표

- 인간대상연구에 참여하는 연구대상자를 보호하는 핵심 역할을 하는 IRB에 대한 기본적인 이해
- IRB의 심의 대상이 되는 인간대상연구와 임상시험의 이해
- 연구대상자 보호와 법령상 규정되어 있는 연구대상자 보호 원칙의 이해
- 임상시험에 참여하는 시험대상자 보호 프로그램의 이해
- 4차 산업혁명 중 핵심인 바이오의약품 산업에 있어서 IRB의 필요성 이해

1. IRB (Institutional Review Board)

IRB란 인간대상연구에 참여하는 대상자의 권리 · 안전 · 복지를 보호하기 위해 연구자가 속한 기관에 설치된 자율기구인 위원회를 말한다. IRB는 인간대상연구를 수행하려는 연구자가 제출한 연구관련 모든 자료(예: 연구계획서, 설명문 동의서, 이해상충문서, 연구자의 이력서, 연구자의 생명윤리 교육 이수증 등)에 대한 심의를 통해 연구의 수행을 승인, 조건부 승인, 보류, 반려 등을 할 수 있다. IRB는 「생명윤리 및 안전에 관한 법률」에서는 '기관생명윤리위원회'로 사용되고 있으며, 생명윤리 및 안전의 확보를 그 의무로 한다(법 제10조 제1항). IRB의 설치와 업무 및 기능 등은 법 제10조부터 제14조까지 5개 조항에서 상세히 규정하고 있다.

또한 IRB는 「약사법」을 근거로 하는 「의약품 임상시험 관리기준」(Korea Good Clinical Practice, KGCP)에서는 '임상시험심사위원회'로 규정되어 있으며, '임상시험심사위원회'는 시험대상자의 권리 · 안전 · 복지를 보호하고, 취약한 환경에 있는 시험대상자의 임상시험 참여 이유가 타당한지 검토한다(6. 가. 1).

IRB는 터스키기 매독연구의 영향으로 미국에서 1974년 「국가연구법」(National Research Act)이 제정되어 인간대상연구를 수행하는 모든 연구기관에 대해 IRB 설치가 의무화되었다. 즉, 임상시험과 사회행동과학연구를 구분하지 않고서 처음부터 인간대상연구를 수행하는 모든 연구기관에 IRB를 설치하도록 하였던 것이다. 우리나라에서는 1995년부터 「의약품 임상시험 관리기준」에 따라 임상시험을 수행하고자 하는 의료기관은 IRB를 의무적으로 설치하게 되었다. 즉, 임상시험을 수행하는 병원에서 IRB가 먼저 설치되었던 것이다.

그 후 사회행동과학연구도 2013년 2월부터 전면 개정되어 시행된 「생명윤리 및 안전에 관한 법률」에서 IRB 심의를 의무적으로 받도록 하였고, IRB에 관한 5개 조문(제10조~제14조)을 두게 되었다.

최근, 4차 산업혁명의 핵심 영역으로 바이오의약품 산업이 떠오르고 이는 수많은 임상시험과 사람을 대상으로 하는 연구를 통해 그 발전이 이루어지게 된다. 이러한 연구에의 참여에는 충분한 정보에 의한 동의의 획득과 참여자의 개인정보 보호를 통한 사생활 보호가 무엇보다도 중요한데, 그 역할을 수행하는 것이 바로 IRB이다. 따라서, 바이오의약품 산업의 활성화에 비례하여 IRB의 업무 증가와 인력의 필요성도 절실히 요구되고 있다.[1]

2. 인간대상연구(Human Subjects Research)

인간대상연구란 ① 사람을 대상으로 물리적으로 개입하는 연구(연구대상자를 직접 조작하거나 연구대상자의 환경을 조작하여 자료를 얻는 연구). ② 의사소통, 대인 접촉 등의 상호작용을 통하여 수행하는 연

1 IRB에 관한 상세한 내용은 아래 본문 Ⅳ. 1. 참조. IRB는 각 기관별로 설치되어 있으며, 연구자들이 공동으로 이용할 수 있는 IRB로는 국내에는 국가생명윤리정책원(http://www.nibp.kr)에 설치되어 있는 「공용 IRB」, 미국에는 「Western IRB」(https://www.wirb.com)가 있다. 그리고, 바이오의약품 산업에 관한 설명을 하고 있는 동영상에 대해서는, 산업다큐 4.0－미래성장보고서 "생명으로 여는 미래, 바이오편"(https://www.youtube.com/watch?v=p_ZcZAtWPTw) 참조.

구(연구대상자의 행동관찰, 대면(對面) 설문조사 등으로 자료를 얻는 연구. 예: 고혈압이나 당뇨병에 대한 인식도 조사연구/간접흡연과 관련한 지식 설문조사연구/관찰연구 등), 또는 ③ 개인을 식별할 수 있는 정보를 이용하는 연구(연구대상자를 직접·간접적으로 식별할 수 있는 정보(예: 성명, 주민등록번호 등)를 이용하는 연구)를 말한다(「생명윤리 및 안전에 관한 법률」 제2조 제1호 및 시행규칙 제2조 제1항).

특히, ①은 일반적으로 중재(intervention)연구라 하며 임상시험, 화장품/건강기능식품 등에 대한 안전성·효능을 보기 위해 해당 물질을 직접 대상자에게 적용한 후 얻은 정보를 이용하는 연구, 소음/물리적 자극 등 환경을 조작하여 얻은 정보를 이용하는 실험연구 등이 있다. ③은 ①과 ②처럼 직접 대상자를 대면하거나 정보를 수집하지는 않지만, 대상자를 식·간접적으로 식별할 수 있는 자료를 이용하는 연구를 말한다(예: 최근 3년간 특정 학교의 보건실 이용 현황을 후향적으로 분석하여 연구하는 기록 분석 연구).

그러나, ① 국가나 지방자치단체가 공공복리나 서비스 프로그램을 검토·평가하기 위해 직접 또는 위탁하여 수행하는 연구(예: 이 프로그램에 따른 보조금이나 서비스 취득절차, 이 프로그램 또는 위 취득절차의 변경가능성 또는 대안, 이 프로그램에 따른 보조금이나 서비스의 지급방법 및 지급정도의 변경가능성), ② 「초·중등교육법」 제2조 및 「고등교육법」 제2조에 따른 학교와 보건복지부장관이 정하여 고시하는 교육기관에서 통상적인 교육실무와 관련하여 하는 연구(예: 지도전략, 지도기법/교과과정/교실운영방법의 효과 및 비교)는 「생명윤리 및 안전에 관한 법률」의 적용을 받지 않는다(시행규칙 제2조 제2항 제1, 2호). 즉, 이러한 연구는 IRB와는 아무런 상관이 없으므로 연구자는 IRB에 연구계획서를 제출하지 않고서 연구를 수행할 수 있다.

인간대상연구에는 임상시험(Clinical Trial 또는 Clinical Study)과 사회행동과학연구(Social Behavior Research, SBR)가 있다. 임상시험은 "임상시험용의약품의 안전성과 유효성을 증명할 목적으로, 해당 약물의 약동(藥動)·약력(藥力)·약리(藥理)·임상(臨床) 효과를 확인하고 이상반응을 조사하기 위하여 사람을 대상으로 실시하는 시험 또는 연구"를 말한다. 이 경우 임상시험의 단계는 임상시험용의약품을 최초로 사람에게 투여하는 제1상(임상약리시험 등), 환자군에서 치료적 유효성을 탐색하여 가능한 용량과 투여기간 설정을 위한 다양한 정보수집을 목적으로 하는 제2상(치료적 탐색 임상시험 등), 의약품의 안전성과 유효성을 확증하기 위한 제3상(치료적 확증 임상시험 등), 품목허가 후 허가사항의 범위에서 수행하는 제4상(치료적 사용 임상시험 등)으로 구분한다(「의약품 임상시험 관리기준」 2. 가).

사회행동과학연구는 "인간 사회 자체에 관한 연구, 개인이 사회 안에서 또는 사회를 향해 가지는 관계에 대한 연구"를 말한다. 사회란 사회·문화적/사회·경제적/사회·인구통계학적 지위를 포괄하는 것으로 소그룹에서 복합적인 문화시스템에 이르는 다양한 단계의 사회적 맥락을 말한다. 행동이란 공공연한 행위로 인지, 감정, 기질, 동기와 같은 근원적인 심리학적 과정을 말한다.[2]

---

2 Elizabeth A. Bankert 외 엮음/이경훈 옮김, IRB란 무엇인가?, 지코사이언스, 2011, 147면 참조.

[임상시험의 단계별 특징]

- 제1상(임상약리시험 등): 수십 명(20~100명 정도)의 건강한 사람을 대상으로 기초연구를 끝낸 약물의 안전성을 수개월 동안 점검. 약물의 투여량을 통하여 안전용량 범위 확인 및 약효의 가능성 검토. 약 60~70% 정도의 성공률 달성.
- 제2상(치료적 탐색 임상시험 등): 수백 명의 건강한 사람뿐 아니라 환자를 대상으로 수개월에서 2년 정도 시험약의 단기 유효성과 안전성을 검토하여 약물의 부작용과 적정한 투약량, 용법 등이 대강 정해짐. 약 30%의 성공률 달성. 제2상은 전기 2상(2a상)과 후기 2상(2b상)으로 나누기도 함. 전기 2상은 약효 확인, 작용시간 및 유효용량 검토를, 후기 2상은 약효 입증, 유효용량 확인/용량-반응 양상, 유효성/안전성의 균형적 검토를 주로 함.
- 제3상(치료적 확증 임상시험 등): 수백에서 수천 명의 환자만을 대상으로 1년에서 4년 정도 시험약의 안전성과 유효성 확립을 재확인함. 제2상에서 대략적으로 결정된 투약량과 용법 등을 중심으로 본격적으로 약물의 효능, 부작용, 안전성 점검(충분한 수의 환자에서 유효성/안전성 확립, 장기 투여시 안전성 검토, 약물상호작용 및 특수환자군 용량 정립 등). 약 25~30%의 성공률 달성.
- 제4상(치료적 사용 임상시험 등): 시판 후 안전성 조사 및 추가 임상시험으로 장기 투여시 희귀부작용 검토, 안전성 재확립, 새로운 적응증 등 탐색 연구.

3. 연구대상자 보호(Protection for Human Subjects)

인간대상연구의 대상이 되는 사람을 '연구대상자'라 한다(「생명윤리 및 안전에 관한 법률」 제2조 제2호). 참고로, 임상시험에 참여하는 사람은 '임상시험대상자'라 한다(「의약품 임상시험 관리기준」 2. 너).

인간대상연구에 있어서는 연구자의 자율규제가 가장 바람직하지만 연구대상자의 권익과 안전 및 복지가 침해된 역사적 사례들(예: 나치의 인체실험, 미국의 터스키기 매독연구 등)이 존재하여 연구자의 자율규제만으로는 연구대상자 보호에 한계가 있다는 사실이 밝혀지게 되었다. 이에 정부가 개입하기 시작하였고 연구자가 속한 기관에 IRB의 설치를 통해 연구대상자의 보호가 이루어지게 되었다.

국제기구에서도 인간대상연구를 수행하고자 하는 연구자가 준수해야 할 국제윤리기준을 마련하여 연구대상자 보호에 최선을 다하고자 하였다. 또한, 법에서 구체적으로 연구자의 책무를 규정해 둠으로써 어느 범위까지 법적 책임을 져야 하는지에 관한 명확한 기준이 마련되어 연구자 입장에서도 책임의 한계를 알 수 있어 도움이 된다.

특히, 「생명윤리 및 안전에 관한 법률」 제3조에서는 이 법을 적용할 때 준수해야 할 기본원칙을 규정해 두고 있다. 이 기본원칙은 인간대상연구를 수행하는 연구자가 연구계획서와 연구대상자용 설명문 동의서를 작성할 때 연구대상자 보호를 위해 그리고 IRB가 그 연구계획서 및 설명문 동의서를 심의할 때 연구대상자 보호를 위해 반드시 고려해야 할 사항들이다. 다음과 같이 모두 6개 사항으로 구성되어 있다.

1) 인간의 존엄과 가치 불침해 및 연구대상자의 인권과 복지의 우선적 고려 원칙

이 원칙은 연구대상자를 연구자가 마음대로 할 수 있는 수단이 아니라 연구자와 동등한 인간으로서의 존엄과 가치를 존중하고 침해해서는 안 된다는 것과 연구를 통한 유의미한 데이터 확보도 중요하지만 그보다 연구에 있어서의 연구대상자의 인권과 복지가 더 우선적으로 고려되어야 한다는 것을 말한다. 과거 나치와 일본의 인체실험과 그 밖에 비윤리적 연구들에서 드러난 잘못에 대한 반성으로 제정된 뉴렘버그강령, 헬싱키선언, 벨몬트보고서, CIOMS 지침, 생명윤리와 인권에 관한 보편선언 등의 인간존중원칙과 연구대상자의 인권과 복지의 우선적 고려를 반영한 것이다.

이 원칙은 IRB의 설치 근거와 목적으로 작용한다. 즉, 법 제10조의 IRB의 설치·업무범위·등록, 제11조의 IRB의 구성 및 운영·운영지원, 제12조의 공용IRB의 지정·IRB의 공동운영, 제14조의 IRB에 대한 평가 및 인증제 도입과 인증결과에 따른 예산 및 국가연구비 지원의 연계제도 등이 이 원칙에 따라 마련되었다.

2) 연구대상자의 자율성 존중과 충분한 정보에 근거한 자발적 동의 획득 원칙

이 원칙은 연구대상자의 연구참여 여부는 스스로의 의사에 따른 결정이어야 한다는 것과 연구의 모든 정보가 이해할 수 있는 용어로 제공되어 강요나 부당한 영향력 행사가 없는 연구대상자의 이해에 기초한 자발적인 연구참여이어야 한다는 것을 말한다. 이 원칙은 법적으로 유효한 의사결정을 할 수 있는 연구대상자뿐만 아니라 의사결정 능력이 제한되거나 없는 연구대상자 모두에게 적용된다.

이 원칙은 법 제16조의 인간대상연구의 동의 조항에 의해 연구자에게 적용된다. 연구자는 연구대상자 보호를 위해 동의서에 7개 필수사항(인간대상연구의 목적, 연구대상자의 참여 기간/절차 및 방법, 연구대상자에게 예상되는 위험 및 이득, 개인정보 보호에 관한 사항, 연구 참여에 따른 손실에 대한 보상, 개인정보 제공에 관한 사항, 동의의 철회에 관한 사항)과 해당 IRB가 필요하다고 인정하는 사항을 기술해야 한다.

3) 연구대상자의 사생활 보호와 사생활 침해가능한 개인정보의 비밀 보호 원칙

이 원칙은 어떤 경우에도 연구참여로 인해 연구대상자의 사생활과 개인정보의 비밀이 노출되어서는 안 된다는 것을 말한다. 비록 연구계획서와 동의서에서 법이 요구하는 사항을 모두 충족하여 사생활과 개인정보가 잘 보호될 수 있다고 하더라도, 연구수행 중 또는 연구결과의 공표로 인해서도 연구대상자의 사생활 침해와 개인정보의 비밀 노출이 허용되어서는 안 된다는 것도 포함된다.

사생활이란 자신의 삶에 대한 외부로부터의 원치 않는 침해로부터 자유로운 상태(right to be let alone)를 의미하는 것으로 연구대상자가 자신의 정보를 연구자와 공유할 것인지 여부를 결정하는 연구대상자의 권리를 말한다. 예컨대, 설문조사 연구에서 민감한 질문에 답하지 않을 권리가 연구대상자의 사생활 보호를 위해 인정되어야 한다. 개인정보의 비밀보호란 연구대상자로부터 수집한 개인정보를 연구대상자의 동의없이 제3자에게 제공 및 누설하지 않을 연구자의 의무를 말한다.

이 원칙에 따라 법 제10조 제3항 제1호 라목에서 "연구대상자 등의 개인정보 보호 대책"의 심의를 IRB의 업무로, 제16조 제1항 제4호의 개인정보 보호에 관한 사항과 제6호의 개인정보 제공에 관한 사항을 동의서의 내용으로 규정해 두고 있다. 이에 동의서에는 반드시 개인정보 보호와 비밀보장이 어떻게 다루어질 것인지에 대해 연구자가 분명히 기재해야 한다. 만일 연구대상자의 신원이 밝혀지는 것이 연구의 위험-이득 판단에서 위험요소라고 판단되면 신원이 밝혀지는 것을 어떻게 막을 것인지, 그리고 자료가 암호화된다면 암호화된 번호들을 연구대상자의 이름과 연결해 주는 목록을 어디에 보관하며 누가 이 목록을 볼 수 있는지를 연구자는 동의서에서 설명해야 한다. 연구자는 동의서에 "개인정보 보호와 비밀보장은 법이 허가하는 범위 내에서 최대한으로 보장하지만, 개인정보 보호와 비밀을 완전히 보장할 수는 없습니다"와 같은 문구를 기재하여 개인정보와 비밀의 완전한 보장은 가능하지 않을 수 있다는 사실을 연구대상자에게 알려야 한다.[3]

그리고 연구대상자의 개인정보를 제3자에게 제공할 때에는 법 제18조 제1항과 제2항에 따라 연구자는 IRB의 심의를 거쳐야 하고 연구대상자의 서면동의를 받고 익명화해야 한다. 다만, 연구대상자가 개인식별정보를 포함하는 것에 동의한 경우에는 익명화 없이도 제공

3 Evan Derenzo 등 지음/최현일 등 옮김, 연구계획서 IRB 통과하기, 연세대학교 대학출판문화원, 2014, 265~266면 참조.

할 수 있다는 예외를 법 제18조 제2항 단서에서 규정하여 연구대상자의 개인정보 제공과 관련하여 보호 장치를 마련해 두고 있다. 법 제19조에서는 연구자에게 개인정보의 유지와 정보의 공개의무를 부과하여 연구대상자로 하여금 자신의 개인정보가 적절하고 정확하게 관리되고 있음을 확신시킬 수 있는 장치를 제공하고 있다.

그리고 법 제63조의 "감독대상기관 또는 그 종사자나 업무에 종사하였던 사람은 직무상 알게 된 개인정보 등의 비밀을 누설하거나 도용하여서는 아니된다"는 비밀 누설 등의 금지조항에 따라 위반 시 벌칙을 가함으로써(법 제66조 제1항) 연구대상자의 사생활 보호와 개인정보의 비밀보호 장치를 마련해 두고 있다.

4) 연구대상자의 안전의 충분한 고려와 위험 최소화 원칙

이 원칙은 연구에 참여하는 연구대상자의 안전확보 방안이 마련되어야 한다는 것과 연구참여에 따른 이득과 위험을 평가하여 이득이 많을 때 연구참여가 허용되고 설혹 연구참여에 따른 위험이 있다 하더라도 다양한 방안을 마련하여 그 위험을 최대한 줄여야 한다는 것을 말한다.

이 원칙은 법 제17조의 연구대상자에 대한 안전대책 조항에 의해 연구자에게 적용된다. 연구자는 연구대상자 보호를 위해 사전에 연구참여에 따른 신체적·정신적 위험 평가와 그에 따른 안전대책 마련 의무를 지고 연구수행 중 중대한 해악 초래 가능성에 대해서는 소속 기관의 장에 대한 즉시보고와 적절한 조치 의무를 진다. 특히, 의과학 연구자는 질병의 진단·치료·예방과 관련한 연구에서 연구대상자에게 의학적으로 필요한 치료를 지연하거나 진단 및 예방의 기회를 박탈해서는 안 된다고 규정해 두고 있다.

5) 취약한 환경에 있는 개인이나 집단에 대한 특별한 보호 원칙

이 원칙은 취약한 환경에 있는 개인이나 집단이 연구대상자로서 연구에 참여할 경우에는 그 취약성으로 인해 정상인보다 더 큰 위험이 야기될 수 있고 부당한 부담과 착취의 대상이 될 수 있기 때문에 (예: 집단시설 수용자의 연구참여, 요양원 환자들에게 연구 참여와 요양소 퇴소 사이에서 선택하도록 강요, 연구참여가 실제로 대상자에게 최선의 선택이 아님을 연구자가 알면서도 연구참여에 대해 확신에 찬 반응을 보임으로써 대상자에게 영향을 미치는 것, 속임수/과장/정보제공의 보류 등) 정상인에 비해 특별한 보호를 해야 한다는 것을 말한다.

그런데, 「생명윤리 및 안전에 관한 법률」에서는 취약한 연구대상자의 정의도 규정되어 있지 않을 뿐만 아니라 용어의 사용도 "취약한 환경에 있는 개인이나 집단", "취약한 연구대상자등", "취약한 환경에 있는 시험대상자(Vulnerable Subjects)" 등으로 사용하고 있어 통일되어 있지 않다. 법 제16조 제2항의 "동의 능력이 없거나 불완전한 사람으로서 보건복지부령으로 정하는 연구대상자"가 취약한 환경에 있는 연구대상자에 해당한다.

참고로, 「의약품 임상시험 관리기준」 제2호 더목은 「"취약한 환경에 있는 시험대상자"(Vulnerable Subjects)란 임상시험 참여와 관련한 이익에 대한 기대 또는 참여를 거부하는 경우 조직 위계상 상급자로부터 받게 될 불이익에 대한 우려가 자발적인 참여 결정에 영향을 줄 가능성이 있는 대상자(의과대학 · 한의과대학 · 약학대학 · 치과대학 · 간호대학의 학생, 의료기관 · 연구소의 근무자, 제약회사의 직원, 군인 등을 말한다), 불치병에 걸린 사람, 「의약품 등의 안전에 관한 규칙」 제27조에 따른 집단시설에 수용되어 있는 사람, 실업자, 빈곤자, 응급상황에 처한 환자, 소수 인종, 부랑인, 노숙자, 난민, 미성년자 및 자유의지에 따른 동의를 할 수 없는 대상자를 말한다」고 규정해 두고 있다.

물론, 이 「의약품 임상시험 관리기준」에 나열되어 있는 사람들은 취약한 환경에 있는 연구대상자의 예시에 불과하고 여기에 나열되어 있지 않은 사람도 연구의 유형에 따라 취약한 환경에 있는 연구대상자로 될 수 있다.

이 원칙에 따라 「생명윤리 및 안전에 관한 법률」 제10조 제3항 제3호 나목에서 "취약한 연구대상자등의 보호 대책 수립"을 IRB의 업무로 규정해 두고 있다. 따라서 연구자는 동의서에 취약한 환경에 있는 연구대상자 보호 방안을 설명하고 기술해야 한다. 예컨대, ① 증인 이용, ② 조언자 요구, ③ 특정 단계별 동의 새로 받기, ④ 연구주제 범위 제한하기 등이 이러한 보호 방안에 해당할 수 있다. 이에 앞서 연구자는 취약한 환경에 있는 연구대상자가 연구에 참여하는 경우에는 ① 취약한 환경에 있는 연구대상자에 해당하는지, ② 연구자의 연구배경 의도는 무엇인지, ③ 연구대상자가 취약성에 노출되는 원인이 무엇인지 등 그 이유의 타당성을 설명문 동의서에 기술해야 한다.

또한, 취약성은 다양한 변수들로 인해 해당 집단 내에서도 동일하게 적용되지 않고 각 개인마다 취약성의 정도는 다를 수 있다는 사실을 연구자는 인식해야 한다. 이것은 각 개인의 자발성에 영향을 미치는 지적 능력이나 조건의 변화에 따라 취약성의 정도가 다르게 되기 때문이다. 이러한 변수는 연구 중에도 변화될 수 있기 때문에, 연구자는 연구 시작 전뿐만 아니라 진행 중에도 지속적으로 연구대상자의 동의 능력을 평가해야 한다.

그리고 「생명윤리 및 안전에 관한 법률」 시행규칙 제13조 제2항에 따라 IRB의 심의를 면제할 수 있는 인간대상연구라 하더라도 취약한 환경에 있는 시험대상자를 대상으로 하는 연구는 "연구대상자등에 대한 기존의 자료나 문서를 이용하는 연구" 이외에는 모두 IRB의 심의를 받아야 한다.

6) 생명윤리와 안전 확보를 위한 국제 협력의 모색과 국제기준의 수용 원칙

이 원칙은 인간대상연구에 있어서 연구대상자 보호를 위해 생명윤리와 안전을 확보하는 문제는 한 나라의 국경 안에서만 발생하는 것이 아니라 국제 다기관연구 등을 통해 국경을 넘어서 발생하는 경우가 빈번하기 때문에 국제 협력을 모색해야 한다는 것과 설령 국경 내에서 연구가 수행된다고 하더라도 과거의 생명윤리 침해 연구사례들에 대한 반성으로 마련된 보편적 생명윤리 관련 국제기준들에 일치하여 연구대상자 보호를 위해 연구를 수행해야 한다는 것을 말한다. 이에 「생명윤리 및 안전에 관한 법률」은 의과학 연구자를 포함하여 인간대상연구를 수행하는 모든 연구자로 하여금 국제 협력을 모색하고 위 1)에 기술되어 있는 국제기준에 맞게 연구를 수행하도록 법에서 권고사항으로 규정해 두고 있는 것이다.

4. 「임상시험 및 대상자보호 프로그램」(Human Research Protection Program, HRPP)[4]

「임상시험 및 대상자보호 프로그램」은 "임상시험실시기관이 임상시험에 참여하는 시험대상자의 안전과 권리의 보호 및 복지 향상을 위하여 수립한 포괄적인 정책 및 모든 규정, 이를 위한 조직과 인력 및 수행하는 모든 활동"을 말한다. 즉, 임상시험실시기관이 임상시험 시험대상자의 안전과 권리를 보호하고 임상시험의 윤리 및 품질을 향상시키기 위해 운영하는 체계적 안전관리시스템을 말한다. IRB의 운영, 시험대상자의 권리 및 안전 등 보호, 이해상충 관리, 관련 종사자 등에 대한 윤리 및 교육, 규칙의 제·개정 등이 여기에 포함된다.

이에 식품의약품안전처는 「임상시험 및 대상자보호 프로그램(HRPP) 운영 가이드라인」(2014. 3. 31)을 제정하여 시행하고 있다. 이 가이드라인에 따르면, 임상시험실시기관의 장은 ① 기관 내 임상시험을 수행하는 데 있어 시험대상자의 안전과 권리의 보호 및 복지 향상을 최우선으로 고려하여야 하며, 이를 위한 대상자보호 프로그램을

4 식약처는 임상시험실시기관 등의 관계자나 임상시험 참여자 등이 HRPP 제도에 대한 이해를 높여 제도를 운영하는 데 도움을 주기 위해 HRPP를 통한 임상시험대상자 보호활동을 안내하는 동영상을 제작·배포하였으며, 이 동영상은 유튜브에서 HRPP를 치면 볼 수 있다. 이종구 등, 임상시험 및 대상자 보호프로그램(HRPP) 제도 정착을 위한 교육프로그램 개발 연구, FDC 법제연구 제10권 제2호, 2015, 142면 참조.

운영하고, ② 대상자보호 프로그램을 수행하기 위해 필요한 조직, 인력, 예산, 공간 및 장비를 충분히 확보하고 지원해야 한다.

또한, 대상자보호 프로그램의 운영에 관해 ① 임상시험실시기관의 장은 대상자보호 프로그램을 원활히 수행하기 위해 대상자보호 프로그램 운영책임자를 지정하여 대상자보호 프로그램을 총괄하여 운영할 수 있도록 그 임무를 위임할 수 있으며, 대상자보호부서를 임상시험실시기관에 설치하고 대상자보호 프로그램 관련 업무의 독립성이 보장되도록 운영하고, ② 임상시험실시기관의 장 또는 대상자보호 프로그램 운영책임자는 대상자보호 프로그램 운영 시 기관의 규모, 임상시험 건수, 임상시험 관련 인적·물적 자원 등을 고려하여 기관에 적합한 대상자보호부서를 효율적으로 구성·운영하고, ③ 임상시험실시기관의 장 또는 대상자보호 프로그램 운영책임자는 대상자보호 프로그램 운영 시 시험대상자의 안전과 권리의 보호 및 복지 향상을 위해 「의약품 임상시험 관리기준」과 조화될 수 있도록 IRB, 대상자보호부서, 시험자 등 기관 내 임상시험과 관련된 모든 조직·부서의 협조체계를 구축·운영해야 한다. 또한, 임상시험실시기관의 장은 자체점검을 통해 임상시험이 실제 승인받은 대로 진행되는지를 확인하고 필요시 적절한 조치를 취해야 하고, 헬프데스크를 설치하여 시험대상자들의 질의나 고충사항 등을 접수하고 확인해 주는 문의창구를 운영해야 한다.

「약사법」에도 임상시험 실시를 위해서는 식품의약품안전처장의 사전 승인을 받도록 하고, 임상시험 실시기관으로 지정받은 기관에서만 임상시험을 할 수 있도록 하고, 임상시험 대상자로부터 충분한 정보에 의한 동의를 받아야만 참여할 수 있도록 하고, 임상시험 종사자 교육을 의무적으로 실시하고, 건강한 사람의 제1상 임상시험에의 참여 횟수를 제한하고, 임상시험 참여에 따른 손실의 보상 등을 규정하여 대상자 보호에 만전을 기하고자 한다.

1) 「인간대상연구 보호 프로그램 인증 협회」(The Association for the Accreditation of Human Research Protection Programs, AAHRPP)[5]

인간대상연구기관들로 하여금 인간대상연구 보호 프로그램을 강화하도록 돕는 인증절차를 통해 고품질의 연구를 촉진하기 위해 설립된 독립적인 비영리기관이다. 이 협회의 인증은 연구대상자, 연구자, 의뢰자, 정부규제기관, 일반 공중에게 「임상시험 및 대상자보호 프로그램」(HRPP)이 최우선으로 잘 운영되고 있다는 보증을 제공하는 것이다.

2) 「아시아-태평양 지역 IRB 포럼」(The Forum for Ethical Review Committees in the Asian and Western Pacific Region, FERCAP)[6]

2000년 1월 12일 태국 방콕에서 아시아-태평양 지역에서 사회행동과학연구와 의생명과학연구에 대한 향상된 이해와 더 나은 수행을 촉진할 목적으로 설립되었다. 이 포럼은 ① 지역 내에서 보건 연구를 심의하는 IRB 간 소통을 향상하고, ② IRB 위원들, 연구자, 의뢰자,

5 http://www.aahrpp.org.
6 http://www.fercap-sidcer.org.

규제자들, 환자들, 그리고 보건 연구 관련 이해당사자들을 위한 지역 협력 센터로 활동하고, ③ 국제회의와 심포지엄을 조직하고, ④ 의생명과학연구를 심의하는 IRB를 위한 WHO 운영 지침을 고려하여 지역 내에서 윤리적 심의를 위한 표준운영지침의 적용과 집행을 도와주고, ⑤ 지역 내에서 보건 연구 이해당사자들을 위한 훈련과 교육을 촉진하고, ⑥ WHO와 윤리적 심의에 관련된 그 밖의 국제기구들과 함께 윤리적 심의에 관한 지역적 소통을 조율하는 기능을 수행한다.

3) 「의료 및 연구에 있어서 공공 책임」(Public Responsibility in Medicine and Research, PRIM&R)[7]

의생명과학연구와 사회행동과학연구의 맥락에서 최고 높은 수준의 윤리적 기준을 촉진하는 것을 목적으로 한다. 교육, 회원에 대한 서비스, 전문직업 자격증, 공공정책 주도, 지역사회 구축을 통해 이 임무를 수행한다.

7 https://www.primr.org.

II.

IRB 관련 고전적 사례

학습목표

- IRB 관련 고전적 사례 이해
- IRB 관련 고전적 사례를 통해 IRB의 필요성 이해
- 연구대상자의 권리와 복지를 보호하기 위해 IRB를 위한 규제의 필요성과 규제를 준수하는 것이 어떻게 연구대상자 보호를 도울 수 있는지 이해

IRB 관련 고전적 사례에는 IRB가 의무적으로 설치되기 이전에 실행되어 IRB의 설치 계기가 된 사례도 있고, IRB가 설치된 이후에 실행되어 IRB의 역할에 의문을 제기하여 IRB 관련 정부의 역할을 강화할 것을 요구한 사례도 있다. 특히, 의사능력 없는 연구대상자의 충분한 정보에 의한 동의의 효력 유무에 관한 사건(T.D. v. New York State Office of Mental Health)과 연구대상자의 복지에 관한 연구자의 책임에 관한 사건(UCLA 대학 연구)에 관련한 쟁점들이 연구대상자 보호와 관련하여 새로운 관심사로 떠오르고 있다.

참고로 미국에서는, 2001년 6월 메릴랜드주에 있는 존스 홉킨스 대학교에서 수행한 임상시험에 참여했던 건강한 자원자인 엘렌 로쉬의 임상시험 도중 사망, 1999년 제시 겔싱어의 사망, 기타 유사한 사례들로 인해 메릴랜드주 의회는 2002년에 주 내에서 수행되는 모든 인간대상연구에 연방보호요건을 확장하는 규제를 시행하였다. 미국에서는 이러한 관심사항들이 연구의 수행과 모니터링에 영향을 미치는 정부행위를 야기하게 되었던 것이다.

[T.D. v. New York State Office of Mental Health(1996)]

뉴욕주 대법원은 최소위험을 초과하는 연구에 대해 아동이나 동의를 할 능력이 없는 성인이 제공한 충분한 정보에 의한 동의(제3자의 대리동의 포함)도 유효하다는 주의 규제를 무효로 결정하였다. 대법원은 주의 규제가 ① 치료를 거부할 권리를 포함하는 자기결정권을 위반하였고, ② 환자는 사전고지를 받지 못하였고, ③ 무능력의 결정이나 대리결정을 심의할 기회도 결여되었었기 때문에 연방과 주 헌법상 적법절차가 지켜지지 않았다고 결정의 근거를 제시하였다. 대법원 결정의 대상이 된 뉴욕주 정신보건규제는 배우자, 부모, 성년인 자녀, 성년인 형제, 보호자, 또는 권한을 가진 위원회와 같은 제3자로 하여금 강제로 주 정신병원에 수용된 환자들의 연구참여에 관한 결정을 대리할 수 있도록 허용하였었다. 그 연구에서는, 잘해야 치료의 가능성이 있는 것이지만, 영구적 또는 치명적 부작용을 야기할 수 있는 승인받지도 않은 고위험 향정신제가 사용되었다.

[UCLA 대학 연구(1983-1994)]

정신분열증 치료를 받는 환자 50명 중 23명이 약 복용이 중단된 이후에 환영과 과대망상을 포함하여 한 번 이상의 극심한 재발을 겪었다. UCLA 정신분열증 연구 프로젝트의 연구자는 몇몇 정신분열증 환자들이 약 없이 더 좋아지는지 여부를 찾아내려고 하였다. 환자들 모두는 연구에서 자신들의 상태가 향상, 악화 또는 현상유지될 수 있다는 것을 이해하였다고 진술하는 충분한 정보에 의한 동의서에 서명하였다. 그러나 그들은 재발이 얼마나 심할 것인지에 관해서는 듣지 못하였다. 환자 2명의 가족이 연방정부에 대해 그 연구에 관한 이의를 제기하였고, UCLA 졸업생은 자살하였고, 다른 학생은 대학을 자퇴하고 부모를 죽이겠다고 협박하였다.

1. 뉴렘버그 의사 재판(The Nuremberg Doctors Trial of 1946)

2차 세계대전이 끝날 무렵, 23명의 나치 의사와 과학자들이 강제 수용소에서 수감자들을 대상으로 자행한 시험으로 인해 살인혐의로 전범재판에 기소되었다. 뉴렘버그에서 열린 재판에서 23명의 연구자 중 15명이 유죄판정을 받았는데, 이들 가운데 7명에게는 교수형이, 8명에게는 각기 종신형에서 10년에 이르는 징역형이 선고되었고, 나머지 8명은 사면되었다. 뉴렘버그 재판을 통해 내려진 판결문에는 사람을 대상으로 하는 연구 수행에서 지켜져야 할 사항을 10가지 항목으로 기술하였는데, 이 10가지 항목이 이후 뉴렘버그 강령(Nuremburg Code)으로 알려지게 되었다(뉴렘버그 강령의 내용 및 전문에 대해서는 아래 본문 Ⅲ. 1 및 부록 I 참조).

2. 터스키기 매독연구(Tuskegee Syphilis Study, 1932~1972)[1]

이 연구는 미국 앨라배마 주 터스키기 지역의 399명의 흑인 남성을 대상으로 매독의 자연경과를 조사하기 위한 관찰연구로, 연방정부 산하 공중의료서비스국(PHS)의 주도 하에 1932년부터 1972년까지 40년간 지속되었다. 연구를 시작할 당시에는 매독환자에 대한 표

---

1 이 연구에 대한 상세한 내용과 그 영향에 대해서는, Susan M. Reverby, *Examining Tuskegee*, The University of North Carolina Press, 2009 참조.

준치료법이 없었기 때문에 매독의 자연경과와 함께 말기에 어떤 증상을 보이는지 관찰하는 것이 연구의 목적이었다. 의사들은 가난한 흑인들에게 무료 건강검진을 해주고(매독환자를 찾는 과정) 아픈 사람을 무료로 치료해 주면서(실제로는 아스피린과 철분제를 준 게 전부) 식사까지 제공했다. 그들에게는 매독이란 진단 대신 '나쁜 피(bad blood)'라는 병명이 붙었고 치료라는 미명 하에 뇌척수액 천자와 혈액채취를 시행하였다.

연구가 진행되던 1943년에 매독에 특효약이라 할 수 있는 페니실린이 개발되고 1951년에는 매독치료제로 널리 사용되었지만, 연구자는 흑인들에게 이러한 약제 개발을 알리지 않았으며 심지어 정부가 해당지역 의사들과 보건소에 공문을 보내 인체실험의 대상자가 된 흑인들이 병원에 올 경우 그냥 돌려보내라는 요구를 하였다. 의사를 믿고 몸을 맡겼던 흑인들은 매독으로 죽어갔고, 아내와 자녀까지 매독에 감염되는 비극을 맞았다. 매독합병증으로 28명 사망, 후유증으로 100명 사망, 배우자 40명 매독 감염, 그리고 19명의 신생아가 선천성 매독으로 사망하였다.

1972년 진 헬러의 뉴욕타임즈 폭로기사에 의해 이 실험이 세상에 알려지게 되었다. 앨라배마주 상원의원인 제임스 알렌(James B. Allen)은 이 연구를 "정의와 인간성에 관한 미국식 개념에 대한 모독"으로 끔찍한 것이라고 비난하였으며, 어떤 논문은 "우리 모두의 이득을 위해 일하는 과학자들과 공무원들은 가끔씩 사람이 사람이라는 것을 망각한다. 그들은 계획과 프로그램, 실험, 수치에 몰두하여 사람이 물건, 논문의 표식, 수학공식의 수식 또는 과학연구에서 비인격적 주체로 된다"고 기술하였다.[2] 마침내 실험이 중단되고 미국 상원에서 청문회까지 열리게 되었지만 인체실험을 수행했던 의사들은 잘못을 결코 인정하지 않았다. 이에 실망한 실험의 생존자들과 유족들은 정부에 소송을 걸어 결국 총 1천만 달러의 보상을 받게 되었고, 1997년 5월 빌 클린턴 대통령이 그때까지 생존해 있던 실험의 피해자와 가족들을 백악관으로 초청해 공식적으로 사과하였다. 이 터스키기 매독 연구는 과학이라는 이름으로 행해진 인종차별의 극한을 볼 수 있는 끔찍한 사례이다.

이 연구의 윤리적 문제는 ① 충분한 정보에 의한 동의서의 부재, ② 속임수(정보 제공의 보류), 이용 가능한 치료의 보류, 연구대상자와 그 가족들을 매독 감염의 위험에 방치, 연구 참여로부터 이득을 얻지 못하는 취약한 연구대상자 집단에 대한 착취를 들 수 있다. 또한, 많은 사회학적 연구들은 터스키기 매독연구로 인해 흑인들이 의료와 공중보건의 권위를 신뢰하지 못하도록 하였고, 임상시험과 장기기증에 흑인들의 낮은 참여율과 일상화된 예방적인 치료에도 주저하는 것에 대한 중요한 요인을 제공한 것이라고 지적하고 있다.

이 사건을 계기로 1974년 미국에서는 국가연구법이 제정되어 인간대상연구를 수행하는 기관마다 IRB를 의무적으로 설치하도록 하여 정부가 인간대상연구의 조건이나 실행을 매우 엄격하게 관리·감독할 수 있도록 하였다. 또한, 동법에 의해 설립된 「생명의료 및 인간행위 연구에서의 인간연구대상자 보호를 위한 국가위원회」(National Commis-

2 Cynthia McGuire Dunn & Gary L. Chadwick, *Protecting Study Volunteers in Research*, CenterWatch, 3rd ed., 2004, 10면 참조.

sion for the Protection of Human Subjects of Biomedical and Behavioral Research)는 벨몬트 보고서(1979)를 발간하여 인간대상연구윤리의 근간을 탄생시켰다. (벨몬트 보고서에 대한 상세한 내용은 아래 Ⅲ. 4 참조).

3. 밀그램 연구(The Milgram Study)[3]

나치 전범인 아돌프 아이히만(Adolf Eichmann)에 대한 재판과 나치 홀로코스트의 원인을 읽고 난 후 복종(obedience)과 권위에 대한 인간의 반응에 흥미를 느껴 1961년 7월에 스탠리 밀그램(Stanley Milgram) 박사는 예일대 린슬리-치텐델 홀(Linsly-Chittendell Hall) 지하에서 실험을 시작하였다. 즉, 나치라고 하는 특정 시기에 "아이히만과 그 동료들이 우리는 단지 명령을 따랐을 뿐이다"라는 변명과 그런 잔학행위들을 겉으로 수용하고 위안을 삼은 독일 시민들이 흥미로운 물음을 제공하였던 것이다. 1963년에 밀그램 박사는 현재에도 비

3 Cynthia McGuire Dunn & Gary L. Chadwick, *Protecting Study Volunteers in Research*, CenterWatch, 3rd ed., 2004, 5~7면 참조. 이 연구를 소재로 영화 "밀그램 프로젝트"가 만들어졌다. 이 영화는 밀그램 교수가 연구대상자인 교사를 관찰하면서 중간 중간에 설명하는 형식으로 진행된다. 절차를 거친 조직적인 폭력행위가 발생할 경우 항상 논의되는 권위에 대한 복종 실험에 관한 사회심리학을 다룬 영화로 권위에 대한 복종 실험에서는 비교적 정상적인 상황에 놓인 일반적인 사람들도 끔찍한 일을 저지를 수 있다는 사실이 현실일 수 있다고 한다. 영화에는 몇 가지 유형의 사회심리학 실험이 소개되고 우리가 일상에서 겪는 내용이 포함되어 있어 사회심리학을 이해하는 데도 도움이 된다. 밀그램 교수의 복종 실험을 정리한 책이 발간되어 세계적인 반응을 얻고 TV 드라마로도 제작되었으며, 미국의 사관학교에서 교재로도 사용되고 있다.

판을 야기하고 있는 복종에 관한 연구 결과물을 발간하였고, 1972년에 일련의 연구들을 기술하고 그런 연구들이 야기한 염려사항을 다룬 「권위에의 복종: 실험적 견해」(*Obedience to Authority: An Experimental View*)라는 책을 발간하여 큰 호응을 얻었고, 미국의 사관학교들에 정식 교재로 채택되었다.

비록 밀그램 연구는 나치 인체실험이나 종종 인용되는 그 밖의 연구들의 윤리적 위반에 대해 다루고 있지는 않지만, 현재에도 매우 도움을 주는 잘 알려진 사회행동연구이다. 특히, 이 연구는 신체적 손상이나 영구적인 해를 야기하지 않는 연구라도 다루어져야 하는 매우 중요한 윤리적 고려사항들을 가지고 있다는 것을 연방 규제권자들에게 상기시키는 데 도움을 주었다.

밀그램 연구는 일반인들의 권위에 대한 반응을 확인하는 것을 연구의 목적으로 하였다. 그렇지만 연구자는 연구대상자에게는 원래의 연구목적을 알리지 않고 학습에 미치는 처벌효과에 대한 연구라고 속인 후 신문광고를 통해 대상자를 모집하여 연구를 수행하였다. 1시간가량 진행되는 응답에 적절한 보상이 지급되었고 연구가 종료된 후에는 본래의 연구목적을 설명해 주었다.

이 연구는 연구자, 연구대상자, 연구대상자의 질문에 대답하는 사람 등 3자로 구성되었다. 연구대상자는 연구자가 제시한 질문지에 따라 상대방에게 질문을 하고 상대방이 정답을 말하지 못한 경우에 전기충격기로 단계를 높여가면서 혼내도록 요구받았다. 상대방은 연구자로부터 사전에 지시를 받아 학습능력이 떨어지는 것처럼 가장하고 연구대상자가 전기충격의 레벨을 높임에 따라 통증을 느끼거나 심지어는 의식불명에 이른 것처럼 연기하였다. 연구대상자의 65%가 치명적 수준까지 전기충격을 사용하였고, 일부 연구대상자는 상대방이 심장질환이 있다고 말한 이후에도 중단하지 않았다. 연구 종료 후 연구에 대한 진실을 듣는 동안 연구대상자들은 자신들은 단지 지시에 따르려고 노력한 것일 뿐이라고 말함으로써 자신들의 행동을 정당화하려 하였고 일부 연구대상자들은 심각한 정서적 위기를 경험하였다.

이 연구는 연구대상자를 속이고 연구대상자에게 예상치 못한 정신적 피해를 가한 점에서 윤리적 문제가 있다. 그리고 비록 속임수이기는 하지만 다른 사람에게 고통을 가하게 하는 연구 자체의 윤리성과 심리학 연구에 있어서 속임수의 사용 정도에 관한 논란을 야기하였다. 또한, 속임수로 인해 충분한 정보에 의한 동의가 획득되지 않았다는 문제도 있다. 이에 따라 사회행동과학연구를 수행할 경우에 연구자와 IRB는 연구에 수반되는 대상자의 신체적 해뿐만 아니라 심리적 · 사회적 · 법적 · 경제적 해도 고려해야 한다. 결국, 밀그램 연구는 권위에 대한 복종 현상은 사실이라는 것을 입증하였고, 연구자는 잠재적 대상자들에 대해 권위나 권한을 가지는 위치에 있으므로, 특히 의료 현장, 학생–선생 간, 고용주–근로자 간, 연구자에 대한 신뢰와 결부될 때 대상자의 동의가 자발적인지 문제된다.

[스탠퍼드 감옥 실험]

1971년 스탠퍼드 대학 심리학과 조던 홀 지하에 작은 교도소를 만들어 12명의 재소자와 12명의 교도관이 생활하였음. 재소자와 교도관은 모두 중산층 가정에서 자란 평범한 대학생들이었으며, 이들은 재소자와 교도관의 성격 특질이 교도소에서 벌어지는 학대행위를 예측하는지 알아보려는 역할극 실험의 참가자들이었다. 실험 첫째날부터 재소자들은 크고 작은 소동을 일으키며 교도관에게 불복종하기 시작했다. 교도관들은 이들을 통제하고자 엄격한 규칙을 만들고 제재를 가했다. 이튿날 재소자와 교도관 사이의 갈등은 더욱 심해졌고, 시간이 지나자 교도관들은 재소자들을 신체·정신적으로 학대했다. 평범한 대학생이 역할에 점점 더 몰입하면서 상황은 걷잡을 수 없이 악화돼 갔다. 결국 학생들이 위험해질 수 있다고 판단한 연구 책임자 필립 짐바르도 교수는 2주간 진행할 예정인 실험을 6일 만에 종료했다. 이 실험은 사회적 환경과 주어진 역할에 따라 인간행동이 결정될 수 있다는 사실을 보여줬고, 사회심리학 역사상 가장 유명하고 영향력 있는 연구가 됐음. 이 연구로 인해 우리 모두 상황과 환경 탓에 악마가 될 수 있다는 교훈을 알게 됨.[4]

4. 공공장소에서의 동성애 행위 연구(Tearoom Trade Study)

이 연구는 공중화장실에서의 동성애 행위에 대한 정보를 얻고 난 다음 그러한 행위에 참여했던 남성들에 대해 좀 더 조사하려는 목적으로 계획되었다. 즉, 연구자인 사회학 박사과정 학생인 로드 험프리즈(Laud Humphreys)는 왜 그렇게 많은 남성들이 1970년대에 공중 화장실에서 보르는 남성들과 성행위를 하고 있었는지를 이해하려는 것

4 백소정, 스탠퍼드 감옥 실험의 진실, Daum 백과사전 참조.

이었다. 그는 신분을 속이고 동성애자들 사이에 들어갔고, 망보는 사람처럼 행동하여 그들의 신뢰를 얻었다. 이후 그는 자동차 번호판을 추적하여 100여 명의 실제 연구대상자들의 신원을 확인하였다. 동성애 행위에 대해서 직접 관찰한 초기 탐색적인 연구를 마치고 난 1년 뒤, 험프리즈는 "남성에 관한 사회 보건 표본 조사서"를 연구대상자들이 살고 있는 지역사회에 배포하여 인터뷰 조사를 위해 실제 대상자들의 가정에 들어가 조사를 하였다.

험프리즈는 1970년에 「공중화장실 거래: 공공장소에서의 동성애 연구」(*Tearoom trade: a study of homosexual encounters in public places*)란 단행본을 발간하여 동성애자들은 전통적인 결혼생활을 하지 않을 것이라는 인식을 완전히 뒤집고 대부분의 동성애자들은 여성과 결혼하여 모범적인 결혼생활을 하고 있다는 결과를 얻어 동성애에 관한 이해도를 한 단계 높였다는 평가를 받았다. 그러나, 험프리즈의 연구는 ① 그 당시 동성애자는 사회적으로 매우 취약한 집단이었는데 이러한 집단을 연구대상자로 하였다는 점, ② 망을 봐 준다고 하고서 동성애자들을 속인 결과 사회학자는 연구를 위해 쉽게 속임수를 쓴다는 이미지를 강화시켰다는 점, ③ 연구라고 밝히지도 않았을 뿐만 아니라 직접 집으로 찾아가 "남성에 관한 사회 보건 표본 조사서" 작성이라고 한 후 면담을 하여 대상자들로부터 충분한 정보에 의한 동의를 획득하지 않았다는 점, ④ 자동차 번호판을 몰래 추적하여 집에까지 찾아가고 단행본에서 동성애자들의 이름을 익명화하기는 했지만 사는 지역 등을 근거로 하면 누가 누구인지 알 수 있게 되어 대상자들의 프라이버시를 침해했다는 점 등의 문제를 야기했다.

5. 탈리도마이드 비극(Thalidomide Tragedy)[5]

1950년대 후반에 유럽에서 임신구토증 억제제로 탈리도마이드가 품목허가를 받아 시판되었다. 이 약을 복용한 임산부들이 팔, 다리가 없거나 짤리듯이 짧은 포코멜리아 신드롬(Phocomelia syndrome, 바다표범증후군 또는 무지증)을 가진 선천성 기형아를 유럽에서만 8천 명, 전 세계적으로 46개국에서 1만 명 넘게 출산하였다. 미국 식품의약품청(Food and Drug Administration, FDA)은 이 약에 대한 품목허가를 하지 않아 임산부들이 복용하지는 않았지만, 제조사에서 샘플을 제공하여 의사들이 임산부들에게 안전성과 유효성을 확인하기 위한 연구를 수행하였고 17명의 기형아가 발생하게 되었다. 이 당시에는 동물실험에서 이상반응이 발생하지 않으면 사람에게 투여하는 것이 법으로 허용되었던 것이다. 실제로 실험용 쥐에게 탈리도마이드를 투약했지만 아무런 이상반응이 나타나지 않았었다.

이후 미국 의회에서 청문회가 개최되었고 선천성 기형이 탈리도마이드의 부작용으로 소개되었다. 이에 FDA의 프랜시스 켈시(Frances O. Kelsey) 박사가 이 약의 안전성과 테스트 과정에 대한 우려와 의문을 제기하여 품목허가가 보류되었다. 청문회에서 품목허가를 받지 않은 약을 복용하는 수많은 사람들이 실험 물질을 제공받고 있다는 것에 대한 충분한 정보 제공도 받지 못하였고 동의 요청도 받은 적이

---

5 박수헌, 생명윤리와 법의 이해, 유원북스, 2018, 26~27면 참조: Cynthia McGuire Dunn & Gary L. Chadwick, *Protecting Study Volunteers in Research*, CenterWatch, 3rd ed., 2004, 7~8면 참조.

없다는 것이 알려지게 되었다. 이에 연구자로 하여금 연구대상자들에게 약의 실험적 특성에 대해 충분히 정보를 제공하고 연구를 시작하기 전에 대상자들의 동의를 받을 것을 의무적으로 규정한 1962년 미국 「식품 · 의약품 · 화장품법」(Food, Drug and Cosmetic Act, FDCA)의 개정이 있었다. 이 법을 근거로 1963년에 FDA는 연구대상자로부터 동의를 받기 위해 필요한 사항들을 정한 규정을 제정하였는데, 너무 광범위한 예외사항들이 정해져 있다는 비판에 따라 1966년에 응급사항 또는 아동 및 유사한 사항에 있는 실험적 치료의 경우를 제외하고는 모든 경우에 동의를 받아야 한다고 개정한 규정을 공표하였다.

이 사건은 실제로 법이 정비되지 않은 상황에서 새로 만들어진 약(신약)이 시장에 유통되었을 때 그 폐해가 실로 엄청나다는 교훈을 준 약화 사고이다. 또한, 법에서 정에서 정한 바에 따라 신약의 안전성과 유효성 확인이 임상시험을 통해 충족되어야만 품목허가를 받아 시판될 수 있다는 사실을 확인하여 임상시험의 중요성이 강조되었다.

6. 인체 방사능 실험 (Human Radiation Experiments)[6]

미국 정부의 후원 아래 몇 몇 주요 대학들의 연구자가 원자폭탄의 효과를 시험하기 위해 플루토늄을 익명의 시험대상자들에게 주입한 사건이 1993년 11월 앨버커크 신문에 게재되었다. 의회 보고서도

6 Cynthia McGuire Dunn & Gary L. Chadwick, *Protecting Study Volunteers in Research*, CenterWatch, 3rd ed., 2004, 11~13면 참조.

1993년 11월에 핵시설에서 정부 실험을 위해 방사능 물질을 생태계에 고의로 흘려보냈다는 사례 13건을 폭로하였다. 이러한 폭로는 연방법에 의해 제공된 보호의 충분성에 관한 우려를 야기하였다. 1994년 1월 클린턴 대통령은 인체 방사능 실험을 검토하고 이것을 평가하기 위한 윤리적·과학적 기준이 무엇인가를 결정하기 위해 「인체 방사능 실험에 관한 자문위원회」(Advisory Committee on Human Radiation Experiments)를 설치하였다.

이 위원회는 연구 윤리의 역사적 발전을 논의하였고 현재의 연방법을 집행하고 해석하는 것과 관련된 쟁점들을 검토한 결과, 뉴렘버그강령과 헬싱키선언이 이러한 인체 방사능 실험에는 관심이 없었던 것이 명백하다고 결론내렸다. 위원회는 다음과 같은 이유를 결론의 증거로 내세웠다.

첫째, 몇몇 동의서가 발견되었지만 읽기 어려웠고 심지어는 오해를 야기하는 것도 있었다. 충분한 정보에 의한 동의는 특히 문제가 많았는데, 그 이유는 연구와 치료 간의 관계를 혼동하여 연구에 참여하면 치료될 수 있을 것이라는 '치료적 오해'(therapeutic misconception)를 한 취약한 대상자를 포함하는 연구에서 그러하였고 시험약의 독성을 시험하는 임상 1상의 동의서에서 '치료'라는 용어를 사용하는 것의 부적절성에 대한 우려도 있었다.

둘째, 연구계획서에 비해서 동의서에서 이득과 연구의 치료적 잠재성을 과장하고 있었다. 이러한 과장은 환자들의 희망이나 자원자들의 이타주의에 편승하여 참여등록을 부적절하게 유인할 수 있게 된다.

셋째, 동의서가 실험군에 속하게 되어 표준치료를 받지 않을 경우에 직면하는 연구대상자들의 위험을 논의하지도 않았다.

넷째, 연구참여가 대상자의 일상생활 또는 삶의 질에 어떠한 영향을 미칠 것인가에 대한 언급도 전혀 없었다.

다섯째, 사회심리적 위험과 잠재적인 재정적 비용에 대해서도 충분하게 다루어지지 않았다.

이러한 사실들을 바탕으로 위원회는 보고서에서 ① 인간을 대상으로 연구를 수행하는 연구자는 연구대상자의 이익과 권리에 일치하는 방법으로, 그리고 의학과 과학적 윤리의 최고 높은 기준에 일치하는 방법으로 연구를 수행해야 한다, ② 과학의 미래는 공중의 지지와 신뢰에 크게 의존하기 때문에 과학자들은 연구대상자에 대한 자신들의 의무를 명확히 이해해야 하고 과학적 리더들은 좋은 과학을 평가하듯이 똑같이 좋은 선한 윤리를 평가하기 때문에 연구공동체는 연구에 관한 윤리를 과학적 과정의 핵심으로 평가해야 하는 것이 중요하다고 권고하였다.

이처럼 윤리를 연구의 핵심으로 해야 한다는 요구와 연구 윤리에 대하여 더 많은 훈련을 하도록 보고서가 권고한 것은 연구대상자 보호에 관한 지속적인 진화과정에서 주요한 진전을 의미하는 것이다.

1995년에 이 위원회의 최종 보고서를 받아보고 클린턴 대통령은 인체 실험을 심의하고 다양한 연구 주제와 규제에 관한 권고를 할 수 있는 국가생명윤리자문위원회(National Bioethics Advisory Commission, NBAC)를 설립하도록 명령했다. 이에 국가생명윤리자문위원회는 ① 1944년부터 1974년까지 정부가 후원한 수많은 인체 방사능 실험과 방사능 물질의 고의 방출을 확인하였고, ② 저명하고 존경받는 연구자와 연구기관들이 윤리적 함의도 모른 채 이러한 연구를 수행하였을 뿐만 아니라 어떤 경우에는 연구대상자들의 이익을 과학적 추구나 국가적 이익에 종속시키기도 하였다는 사실을 확인하였고, ③ 플루토늄 주입 실험인 「맨해튼 프로젝트」(Manhattan Project)는 국가안보를 위해 그리고 핵무기 종사자들의 건강과 안전을 보호하기 위한 안전성 자료를 수집하기 위해 수행되었는데 이 연구 결과는 핵산업계에서 현재에도 유용하게 사용되고 있다고 확인하였다.

7. 미국 펜실베니아대학교 유전자 이식실험(The University of Pennsylvania Gene Transfer Experiment)[7]

1999년 가을 18세의 제시 겔싱어(Jesse Gelsinger)는 그가 참여하던 유전자 이식 연구로 인해 사망하였다. 제시는 약물치료와 식이요법에 의해 유지될 수밖에 없는 효소의 경미한 선천적 결핍 증후군(Ornithine Transcarbamylase Deficiency, OTC)이라는 희귀한 대사성 질환을 앓고 있었다. 연구자는 인간 유전자의 정상 복제본을 포함하는 아데노바이러스를 벡터로 사용하여 유전물질을 혈액에 주사하여 인체 안에서 효소를 만들어 낼 것인지를 알기 위한 혁신적 기법을 시험하였는데, 주입 후 4일 만인 1999년 9월 17일에 바이랄 벡터에 대

7 박수헌, 유전자치료연구에 대한 미국 국립보건원(NIH)의 규제 고찰, 생명윤리정책연구, 제9권 제2호, 2015. 12, 9면 및 각주 9) 참조; Cynthia McGuire Dunn & Gary L. Chadwick, *Protecting Study Volunteers in Research*, CenterWatch, 3rd ed., 2004, 13~14면 참조.

한 대량 면역거부반응으로 다발성 장기부전이 발생하였으며 결국 사망하였다.

이 연구에서 드러난 문제점들은 ① 부적절한 동의절차(절차적 문제와 전임상시험의 결과를 제시에게 제대로 알리지 않음)에 따른 충분한 정보에 의한 동의의 결여, ② 임상시험을 위한 해당 기관의 표준운영지침서(SOP)의 부재, ③ 연구계획서에 대한 IRB의 승인 없는 변경 및 과다한 바이러스 벡터 주입, ④ 데이터의 안전성 모니터링 소홀, ⑤ 치료 전 제시의 체내 암모니아 수준이 최대 허용치보다 높았는데도 연구 강행, ⑥ 연구대상자인 제시의 복지를 위한 연구설계와 안전판 부재, ⑦ 기관과 연구자에 대한 연구 동기와 영향력에 대한 우려 등을 들 수 있다.

특히, ⑦은 연구에 있어서 산·학·연의 이해상충의 문제점을 잘 보여주었다. 유전자치료연구소 소장인 동시에 연구책임자인 제임스 윌슨 박사는 제노보라는 바이오벤처의 지분 상당량을 가지고 있었고, 제노보는 이 연구소에 재정을 지원하였다. 펜실베니아 의대 생명윤리센터는 유전자치료연구소로부터 재정 지원을 받았고 펜실베니아대학교는 임상연구를 통한 이익의 배당금을 받기로 되어 있었다.

이 사건의 영향으로 연구자에게 미치는 이해상충의 효과를 피하거나 완화하기 위해 기관들이 취해야 하는 조치들을 다룬 지침 문서들이 발간되었고, 담당 정부 부서인 연구대상자보호국(Office for Human Research Protection, OHRP)과 연구진실성국(Office of Research Integrity, ORI)도 연구에 대한 이해상충의 영향력을 제한하기 위한 절차들을 제안하는 임시 가이드라인을 발표하였다. 이러한 가이드라인은 연구자에 대한 이해상충(특히, 금전적 이해상충)의 잠재적인 부정적 결과에 중점을 두고 있다. 이들의 공통된 우려는 명성이나 금전과 같은 이해관계에 의해 연구자가 영향을 받을 수 있다고 인정하더라도, 연구대상자의 복지를 무시하게 되는 것은 연구자와 연구기관들에 대한 일반 공중의 신뢰를 약화시킬 것이라는 것이다. 한 걸음 더 나아가 이러한 가이드라인으로는 연구대상자 보호가 충분치 않다고 여겨져, 상하원 의원들로 하여금 미국 내에서 수행되고 있는 모든 연구에 대해 ① 연구대상자 보호를 위한 기관 프로그램의 인증, ② 이상반응에 관한 훨씬 더 엄격한 보고 요구, ③ 연구 활동에 관한 연례 보고서 요구, ④ 정신지체자와 같은 취약한 대상자 계층으로의 보호 확대 등과 같은 연방 차원의 보호를 확대시키고자 입법적 노력을 기울이도록 하였다.

Ⅲ.

IRB 관련 국제윤리기준

학습목표

- 국제윤리기준에 규정되어 있는 IRB의 역할 이해
- 인간대상연구에 영향을 줄 수 있는 국제적으로 공통적인 윤리적 쟁점들 이해
- 인간대상연구의 국제 가이드라인의 이해

국제윤리기준의 규정 내용은 대부분 연구대상자 보호와 관련되는 것인데, 여기에서는 그중에서 직접 IRB와 관련되는 내용만 정리하여 기술하기로 한다.

1. 뉴렘버그강령(1947) – 「인체실험을 위한 지침」 (Directives for Human Experimentation)

뉴렘버그강령은 IRB에 관한 직접적 내용은 규정하고 있지 않지만, ① 충분한 정보에 의한 동의, ② 위험-이득 평가, ③ 안전을 위한 시설 마련, ④ 연구참여 철회 및 중단, ⑤ 동물실험의 선행 등 연구대상자 보호를 위한 내용을 규정하고 있다. 뉴렘버그강령은 연구대상자 보호를 위한 최초의 국제 강령으로 인간대상연구에 있어서 연구대상자의 충분한 정보에 근거한 윤리적 규제를 정립하였다. 또한, 이 강령은 인권에 관한 개념을 불러일으켜 1948년 세계인권선언을 촉발시켰고, 인간대상연구 수행 시 연구대상자의 충분한 정보에 의한 동의가 전세계적으로 받아들여지도록 국제법과 윤리기준의 근거로 사용되었다(뉴렘버그강령의 전문 내용은 부록 I 참조).

2. 헬싱키선언(1964) – 「인간 대상 의학연구를 위한 윤리원칙」(Ethical Principles for Medical Research Involving Human Subjects)

세계 의사협회(the World Medical Association)는 1964년에 헬싱

키선언으로 알려진 연구윤리에 관한 일련의 기준을 제시하였다. 헬싱키선언은 뉴렘버그강령을 재해석하면서 치료 목적의 의학 연구에 초점을 맞추었고 약물을 시험약으로 하는 임상시험에 적용된다. 헬싱키선언의 가장 큰 의의는 약물 임상시험을 하는 각 연구기관에 임상시험심사위원회(IRB)를 설치하고 그 실행을 준비하는 기반을 마련한 것에 있다고 하겠다. 우리나라의 「약사법」과 「의약품 등의 안전에 관한 규칙」에 있는 「의약품임상시험관리기준」(KGCP)은 헬싱키선언에 기초하여 마련되었다. 실제로, 병원 IRB에서 다루는 임상계획서의 대부분이 약물인 것을 감안하면 헬싱키선언의 내용을 이해하는 것이 인간대상연구의 윤리와 법적 규제의 상당 부분을 이해하는 것에 해당하는 것으로 판단된다.

헬싱키선언은 2013년 브라질에서 제7차 개정을 하여 현재 적용되고 있다.[1] 헬싱키선언은 인간대상연구, 특히 임상시험에서 대상자 보호를 위한 다양한 안전장치(취약한 대상자 보호, 사생활보호와 비밀보장, 충분한 정보에 의한 동의, IRB 등)를 마련해 두고 있다. 또한, 연구자로서의 의사가 임상시험을 할 때에 고려해야 할 사항(일반원칙을 반영하고 위험-이득 평가를 기술한 연구계획서 작성, 가짜약 사용 등)을 상세히 규정해 두고 있다.

헬싱키선언은 총 37개 조항으로 ① 서문(1, 2), ② 일반원칙(3~15), ③ 위험·부담 및 이득(16~18), ④ 취약한 집단 및 개인(19, 20), ⑤ 과학적 요건 및 연구계획서(21, 22), ⑥ IRB(23), ⑦ 사생활보호와

1 J Korean Med. Assoc. 2014 Nov.; 57(11): 899-902. Korean. Published online Nov. 14, 2014. https://doi.org/10.5124/jkma.2014.57.11.899 참조.

비밀보장(24), ⑧ 충분한 정보에 의한 동의(25~32), ⑨ 가짜약의 사용(33), ⑩ 임상시험 후 지원(34), ⑪ 연구등록과 결과의 출간 및 배포(35, 36), ⑫ 임상실무에서 입증되지 않은 시술(37) 등으로 구성되어 있다(헬싱키선언의 전문 내용은 부록 Ⅱ 참조).

헬싱키선언은 제23항에서 IRB에 대해서 "연구계획서는 심의, 조언, 지도, 승인 등을 위하여 연구를 시작하기 전에 IRB에 제출되어야 한다. IRB는 운영에 있어서 투명하여야 하며, 연구자와 의뢰자 및 기타 부당한 영향으로부터 벗어나 독립적이어야 하며, 적법한 절차에 따라 자격을 갖추어야 한다. IRB는 관련 국제규범과 기준뿐만 아니라 연구가 수행되는 나라의 법과 규제사항을 고려해야 한다. 그러나 본 선언에서 제시한 연구대상자를 위한 어떠한 보호기준도 축소하거나 폐지할 수 없다. IRB는 진행 중인 연구를 조사할 권한을 가진다. 연구자는 조사 정보, 특히 심각한 이상반응 사례에 대한 정보를 IRB에 제공해야 한다. IRB의 심의나 승인 없이 연구자는 연구계획서를 변경해서는 안 된다. 연구가 종료된 후 연구자는 연구결과와 결론의 요약이 포함된 최종보고서를 IRB에 제출해야 한다"고 직접 규정하고 있다.

이 조항에 따라 IRB는 연구계획서에 대한 사전심의를 통한 연구설계의 윤리적·과학적 타당성 검토를 통해 연구대상자의 권리 및 복지 등을 보호하는 문지기(gate keeper) 역할을 수행할 수 있다. 또한, IRB의 권한과 IRB에 대한 연구자의 의무를 규정하여 연구계획서대로 연구진행이 제대로 되고 있는지 모니터링할 수 있다.

3. 비처 논문(1966)

하버드대학 의대 마취과 교수 헨리 비처(Henry Beecher)가 뉴잉글랜드 저널 오브 메디신(NEJM)에 게재한 "윤리와 임상연구"(Ethics and Clinical Research)라는 논문에서 22개의 비윤리적 의학연구 사례를 소개하였다. 이 논문에 실린 비윤리적 사례로는 ① 확실한 치료법이 있는데도 대조군에 사용하지 않은 경우, ② 딸의 암세포를 어머니에게 이식하여 반응을 본 연구, ③ 수용시설에 있는 정신지체아에게 인위적으로 간염을 일으켜 관찰한 연구, ④ 간질환을 가진 환자에게 염화암모늄을 투여하여 간성 혼수를 일으킨 연구 등이 제시되었다. 비처는 이 논문에서 ① 충분한 정보에 의한 동의의 결여, ② 자원자에 대한 강요나 부당한 영향력 행사, ③ 취약한 대상자의 사용 및 착취, ④ 이용가능한 치료의 미제공, ⑤ 위험에 관한 정보의 미제공, ⑥ 연구대상자를 위험에 빠뜨림, ⑦ 위험이 이득을 초과, ⑧ 속임수 사용, ⑨ 연구대상자의 권리 위반 등을 인간대상연구에 관한 윤리문제로 지적하였다. 이 논문은 당시 동료 의사들로부터 많은 비판을 받았지만 연구자/일반 대중/언론에 대해 비윤리적 인간대상연구의 문제점에 대한 인식을 높이는 데 매우 중요한 역할을 하였고, 터스키기 매독연구와 함께 향후 인간대상연구에 대한 미국의 연방 규제를 확립하는 데 큰 영향을 미쳤다.

4. 벨몬트 보고서(1979)

1979년 열린 미국「생명의료 및 인간행위 연구에서의 인간연구대상자 보호를 위한 국가위원회」(National Commission for the Protection of Human Subjects of Biomedical and Behavioral Research)는 벨몬트 보고서(The Belmont Report)를 발간하였다. 벨몬트 보고서는 인간을 대상으로 하는 연구를 수행하는 사람이라면 모두 읽어야 하는 필수지침서이다. 벨몬트 보고서는 모든 인간대상연구의 기초가 되는 세 가지 기본적 윤리원칙을 제시하고 있다. 이 원칙을 '벨몬트 원칙'이라고 하며, 인간존중원칙 · 선행원칙 · 정의원칙이 이에 해당한다.

1) 인간존중원칙(Respect for Persons)

이 원칙은 철학자 칸트(Immanuel Kant)의 글에서 인용한 것으로 인간존중이란 개인이 자율성을 갖춘 존재로 대우받아야 하며, 그들을 어떤 목적을 위한 수단으로 사용해서는 안 된다는 것을 말한다. 이 원칙은, 첫째 동의능력이 있는 사람은 스스로 결정할 수 있는 자율권이 보장되어야 한다는 것과, 둘째 동의능력이 없거나 불완전한 사람은 자율권이 제한되므로 추가적인 보호를 받아야 한다는 것을 그 내용으로 한다.

자율성의 구성요소는 정신적 역량, 정보를 이해하고 처리할 수 있는 능력, 자발성, 다른 사람의 영향이나 통제로부터의 자유이다. 즉, 연구대상자가 정보를 이해하고, 처리할 수 있는 능력을 갖고 있으며, 다른 사람으로부터 강요나 부당한 영향 없이 연구 참여를 결정할 수 있는 자유를 가지고 있을 때 완전한 자율성을 가진다고 할 수 있다. 인간존중원칙에 따라 연구참여 이전 및 연구를 진행하는 과정에서 지속적으로 충분한 정보에 근거한 동의절차가 잘 수행되고 있는지 여부를 IRB는 검토해야 한다. 또한, IRB는 아무런 불이익 없이 연구대상자의 연구참여 철회를 허용하고 있는지, 연구대상자의 복지를 잘 유지하면서 연구가 수행되는지 여부를 평가해야 한다.

이 원칙을 구현하기 위해서는 연구자는 연구대상자로부터 충분한 정보에 의한 동의를 획득하여야 하고 연구대상자의 사생활을 보호하고 획득한 정보의 비밀을 보장하여 연구를 수행해야 한다. 여기서 충분한 정보에 의한 동의(informed consent)는 정보(information), 이해(comprehension), 자발성(voluntariness)을 그 요소로 한다. 자율성이 제한된 아동이나 미성년자의 경우에는 연구대상자 자신의 동의와 부모나 법정대리인의 승낙을 추가로 획득해야 연구에 참여할 수 있다(충분한 정보에 의한 동의의 상세한 내용에 대해서는 아래 본문 Ⅳ. 1 참조).

2) 선행원칙(Beneficence)

선행원칙은 연구자가 연구대상자의 위험을 최소화하고 이득을 최대화해야 한다는 것을 말한다. 이 원칙에 따라 연구의 사회적·과학적 가치와 연구의 과학적 유효성을 평가하고, 연구가 적절한 위험 대 이득 비율을 정하고 있는지 연구자는 결정해야 한다. 이 원칙으로부터 IRB는 심의를 통해 연구자에게 ① 연구참여로 인해 연구대상자에게 해가 발생하지 않도록 요구해야 하고, ② 위험은 최소화하고 이득은 최대화하기 위해 가능한 최선의 연구계획을 요구해야 하고, ③

연구자가 연구를 수행하는 과정에서 위험을 충분히 관리할 수 있는지 여부를 확인해야 하고, ④ 위험 대 이득의 비율이 적절하지 않은 연구를 금지해야 하는 등의 의무가 발생한다.

3) 정의원칙(Justice)

정의원칙은 연구에서 파생되는 부담과 이득이 연구대상자에게 동등하게 나뉘어질 수 있도록 연구를 설계하고 연구대상자를 공정하게 대할 것을 연구자에게 요구하는 것을 말한다. 이 원칙에 따라 연구대상자 선정은 공정한지 평가되어야 하고 연구대상자의 선정 및 제외기준과 모집방법 등이 IRB에 의해 심의되어야 한다.

이 원칙으로부터 IRB는 심의를 통해 연구자에게 ① 연구대상자 선정에서 공정성을 유지하도록 요구해야 하고, ② 취약한 환경에 있는 연구대상자나 이용하기 쉬운 연구대상자를 착취하지 않도록 요구해야 하는 등의 의무가 발생한다. 특히, ②와 관련하여 구체적으로 IRB는 심의를 통해 ⓐ 연구자에게 시설 등에 수용되어 있는 취약한 계층군을 연구대상자로 할 경우에는 엄격한 선정절차를 거칠 것을 요구해야 하고, ⓑ 다양한 계층을 연구대상자로 선정하도록 요구해야 하고, ⓒ 연구대상자의 선정 및 제외기준을 공정하게 행사하도록 요구해야 하고, ⓓ 특권층의 이득을 위해 비특권층(아동, 시설 수용자, 중환자, 경제적 취약자 등)을 연구대상자로 선정하지 말 것을 요구해야 한다.

5. CIOMS 지침 (2016)(Council For International Organizations of Medical Sciences Guidelines) – 「인간의 건강 관련 연구를 위한 국제 윤리지침」 (International Ethical Guidelines for Health-related Research Involving Humans)

이 지침은 세계보건기구(WHO)와 협력하여 국제의학위원회가 1982년에 제정하였고 이후 20년간 생명의학 연구 윤리에서 주목받았던 변화, 진보, 논쟁을 반영하여 2002년에 개정되어 적용되었다. 그러던 중 2016년에 4차 개정되어 현재 적용되고 있다. 2016년 개정은 2002년 이후 발생한 ① 중개연구에 대한 고양된 중요성, ② 저개발(저소득) 국가에서 무엇이 공정한 연구로 간주되는지를 명확히 할 필요성, ③ 많은 사례에서 잠재적으로 취약한 그룹을 배제한 것이 불충분한 증거로 끝났다는 인식, ④ 빅데이터 연구의 증가를 포함하는 몇 가지 진전 사항을 담고 있으며, 2002년의 '생명의학 연구'(biomedical research)에서 '건강 관련 연구'(health-related research)로 그 적용범위를 확장하였다. 이 지침에서 사용되는 '건강 관련 연구'란 "인간의 보건 관련 연구 중 관찰 연구, 임상시험, 바이오뱅킹, 역학 연구와 같은 훨씬 더 고전적 영역 내에서 일반화할 수 있는 보건지식을 개발하거나 기여하도록 설계된 활동"을 말한다.

이 지침은 총 25개의 개별 지침으로 과학적·사회적 가치와 권리존중(지침 1), 저개발(저소득) 국가(지역)에서 수행되는 연구(지침 2),

연구에 참여하는 개인과 집단의 선정에 있어서 이득과 부담의 공평한 분배(지침 3), 연구의 잠재적 이득과 위험(지침 4), 임상시험에서 대조군의 선택(지침 5), 참여자의 건강상 필요를 위한 돌봄(지침 6), 지역사회의 참여(지침 7), 연구와 연구 심의를 위한 협력적 파트너십과 능력 구축(지침 8), 충분한 정보에 의한 동의를 제공할 수 있는 개인들(지침 9), 충분한 정보에 의한 동의의 변경과 면제(지침 10), 인체유래물과 관련 정보의 수집, 보관 및 사용(지침 11), 건강 관련 연구에서 정보의 수집, 보관 및 사용(지침 12), 연구대상자에 대한 비용 보전과 보상(지침 13), 연구와 관련하여 발생한 해에 대한 치료와 보상(지침 14), 취약한 개인과 집단을 포함하는 연구(지침 15), 충분한 정보에 의한 동의를 제공할 능력이 없는 성인을 포함하는 연구(지침 16), 아동과 청소년을 포함하는 연구(지침 17), 연구대상자로서의 여성(지침 18), 연구대상자로서의 임산부와 모유수유 여성(지침 19), 재난과 질병 창궐 시의 연구(지침 20), 집단 및 기관을 무작위로 선정하는 임상시험(지침 21), 건강 관련 연구에서 온라인 환경과 디지털 도구로부터 획득된 정보의 사용(지침 22), IRB의 설립요건과 연구계획서 심의요건(지침 23), 건강 관련 연구에 있어서 공공책임(지침 24), 이해상충(지침 25) 등으로 구성되어 있다(CIOMS 지침의 전문 내용은 부록 Ⅲ. 참조).

지침 23에서는 IRB에 대해서 "인간의 건강 관련 연구를 수행하기 위한 모든 연구계획서는, 윤리적 심의 면제가 되지 않는 한, 윤리적 적합성과 윤리적 수용 가능성 평가를 위해 IRB에 제출되어야 한다. 연구자는 연구를 시작하기 전에 IRB의 승인을 받거나 면제를 받아야 한다. IRB는 연구계획서의 중대한 변경이 있을 때처럼 필요하면 추가적인 심의도 해야 한다. IRB는 이 지침에서 규정되어 있는 원칙에 따라 연구계획서를 심의해야 한다. IRB는 공식적으로 설치되어야 하고 명확하고 투명한 절차에 따라 적시의 그리고 효율적인 심의를 보장하기 위해 충분한 권한과 지원도 제공받아야 한다. IRB 위원들은 적절한 자격을 갖추어야 하고 건강 관련 연구의 윤리적 측면에 관한 지식을 정기적으로 업데이트해야 한다. IRB는 운영의 독립성을 보장하기 위한 메카니즘을 가져야 한다. 다른 기관이나 다른 나라의 IRB는 외부 지원을 받는 다기관 연구인 경우에는 효율적인 소통수단을 정립해야 한다. 외부 지원 연구에서는 주관 기관과 지원 기관 모두에서 윤리적 심의가 행해져야 한다. IRB는 연구자 또는 의뢰자가 IRB의 결정에 대해 적법한 이의신청을 할 수 있는 명확한 절차를 가져야 한다"고 직접 규정하고 있다.

이 조항에 따라 IRB는 연구계획서에 대한 사전심의를 통한 연구설계의 과학적·윤리적 타당성 검토, 연구수행 여부의 결정, 필요한 경우 추가심의 등의 권한을 가진다. 또한, IRB는 이 지침을 준수한 심의, 외부 지원을 받는 연구의 심의 및 관리, 이의신청절차 마련 등의 의무를 가진다. 그 밖에 IRB의 설치는 공식적으로 되어야 하는 동시에 IRB에 대한 지원과 위원의 자격 및 교육 등이 행해져야 한다. 이러한 내용에 따라 IRB는 연구대상자의 권리 및 복지 등을 보호하는 문지기(gate keeper) 역할을 수행할 수 있다.

IV.

IRB 관련 법

학습목표

- 연구자의 자율규제를 통한 인간대상연구의 수행이 가장 이상적인 규제이지만 앞 Ⅱ.의 사례들의 고찰을 통해 자율규제는 실패로 돌아갔다는 사실의 이해
- 정부가 법을 정비하여 인간대상연구 수행에 있어서 연구대상자 보호를 위한 IRB 관련 내용을 법에서 강제적으로 요구하게 되었다는 사실의 이해
- 정부의 타율규제는 연구자의 자율을 최대한 보장하면서 연구를 촉진하는 동시에 적절한 연구수행이 이루어질 수 있도록 윤리의 최저한을 규제하도록 법령을 정비해 두고 있다는 사실의 이해
- IRB의 설치, 운영 및 이용, 역할, 구성, 평가 및 인증 등 IRB에 관한 「생명윤리 및 안전에 관한 법률」의 이해
- 임상시험과 관련한 「약사법」·「의약품 등의 안전에 관한 규칙」·「의약품 임상시험 관리기준」의 이해
- 연구대상자의 개인정보 보호를 위한 「개인정보 보호법」의 이해

연구자의 자율규제를 통한 인간대상연구의 수행이 가장 이상적인 규제방법이지만 앞 Ⅱ.의 사례들의 고찰에서 밝힌 바와 같이 자율규제는 실패로 돌아갔다. 이에 정부가 법령을 정비하여 인간대상연구의 수행에 관한 강제적 규제를 하게 되었다. 다만, 이러한 정부의 타율규제는 연구자의 자율을 최대한 보장하면서 연구를 촉진하는 동시에 적절한 연구수행이 이루어질 수 있도록 윤리의 최저한을 규제하도록 법령을 정비해 두고 있다.

이러한 정부의 타율규제의 일환으로 설립된 IRB의 주된 역할은 연구계획서의 윤리적·과학적 타당성을 심의하여 연구에 참여하는 연구대상자의 권리·복지·안전을 보호하는 것이다. IRB는 연구계획서의 윤리적 측면을 주로 검토한다. IRB가 연구계획서의 윤리적 측면의 타당성 여부를 결정하기 위한 기준으로 삼는 것은 연구자가 연구대상자로부터 충분한 정보에 의한 동의를 확보하였는지, 연구대상자에 대한 위험-이득 평가를 정당하게 수행하였는지, 연구대상자로부터 획득한 개인정보를 적절히 관리하고 있는지 등이다.

우리 헌법 제22조 제1항에 따라 원칙적으로 연구의 자유가 보장되지만 동시에 헌법 제37조 제2항에 따라 국가안전보장, 질서유지, 또는 공공복리를 위하여 필요한 경우에는 법률로 연구의 자유를 제한할 수도 있다. 이에 따라, 인간대상연구는 「생명윤리 및 안전에 관한 법률」에 의한 IRB에 의해서, 임상시험은 「약사법」·「의약품 등의 안전에 관한 규칙」·「의약품 임상시험 관리기준」에 의한 IRB를 통한 통제가 가능하게 된다. 또한, 인간대상연구와 임상시험에 참여하는 대상자의 개인정보의 수집·이용·제공 등에 관한 사항은 「개인정보 보호법」에 따라 규제가 행해지고 있다.

IRB의 설치 의무와 관련하여, 우리나라의 경우에는 1995년부터 「의약품 임상시험 관리기준」(KGCP)에 따라 먼저 임상시험에 대해서 IRB 설치가 의무적으로 되었다. 인간대상연구에 대한 IRB 설치 의무는 2012년 전면 개정되어 2013년 2월부터 시행된 「생명윤리 및 안전에 관한 법률」에 의해 비로소 발생되었다.

1. 「생명윤리 및 안전에 관한 법률」

이 법은 총 9장 70개 조문과 부칙으로 구성되어 있다. 이 법의 내용은 법의 목적, 정의, 기본원칙, 적용범위, 국가생명윤리심의위원회, 기관생명윤리위원회(IRB) 등과 같은 총론적 내용을 구성하고 있는 부분과 인간대상연구, 배아 등의 생성과 연구, 인체유래물연구, 유전자치료 및 검사 등과 같은 각론적 내용을 구성하고 있는 부분으로 구성되어 있다. 물론, 이 법에서 규정하고 있는 의무조항을 위반할 경우에는 행정처분과 행정벌(과태료, 벌금, 징역)이 부과된다.

이 법은 연구대상자 보호와 관련하여 법 제3조 기본원칙에서 연구대상자의 권리와 안전 및 복지를 보호하기 위한 IRB 및 연구자 관련 내용을 상세히 규정해 두고 있고, 이에 따라 개별 조항에서 IRB 및 연구자 관련 내용들을 규정해 두고 있다.

법 제10조부터 제14조까지 IRB 관련 총론규정(IRB의 설치 및 기능, 구성 및 운영, 공용 IRB 지정 및 공동운영, 지원, 평가 및 인증)을 두고 있다. 그리고 법 제15조부터 제19조까지 인간대상연구의 사전심의원칙, 심의면제 사유, 서면동의원칙, 서면동의의 면제사유, 안전대책, 개인정보 제공, 기록유지와 정보공개와 같은 인간대상연구에 있어서 연구대상자 보호를 위한 IRB와 연구자의 역할을 구체적으로 규정해 두고 있다. 인간대상연구에 있어서 연구대상자 보호를 위한 IRB와 연구자의 역할에 관한 위 내용은 이 법에서 규정하고 있는 인체유래물연구, 잔여배아연구, 유전자치료연구에서의 연구대상자 보호를 위해서도 적용된다.

이하에서는 IRB의 설치, IRB의 운영, IRB의 공동운영, 공용 IRB의 공동이용, IRB에 대한 평가 및 인증, IRB의 권한, IRB의 업무에 대해 고찰한다.[1]

1) IRB의 설치

IRB의 설치에는 의무적 설치와 업무위탁협약을 통한 설치가 있다.

(1) 의무적 설치

아래 기관들은 생명윤리 및 안전을 확보하기 위하여 당해 기관 내에 IRB를 의무적으로 설치해야 한다(법 제10조 제1항).

① 인간대상연구를 수행하는 자가 소속된 교육·연구 기관 또는 병원 등

② 인체유래물연구를 수행하는 자가 소속된 교육·연구 기관 또는 병원 등

---

1 IRB에 관한 이러한 내용에 대한 상세한 것은, 박수헌, 인간대상연구에 있어서 기관생명윤리위원회의 역할에 관한 한국과 미국의 규제법 비교, 생명윤리정책연구 제7권 제1호, 2013. 6, 1~30면 참조.

③ 제22조 제1항에 따라 지정된 배아생성의료기관(체외수정을 위하여 난자 또는 정자를 채취·보존하거나 이를 수정시켜 배아를 생성하려는 의료기관은 보건복지부장관으로부터 배아생성의료기관으로 지정받은 의료기관)

④ 제29조 제2항에 따라 등록한 배아연구기관(잔여배아를 연구하려는 자로서 소정의 시설·인력 등을 갖추고 보건복지부장관에게 배아연구기관으로 등록한 연구기관)

⑤ 제31조 제3항에 따라 등록한 체세포복제배아등의 연구기관(소정의 시설 및 인력 등을 갖추고 보건복지부장관에게 등록한 단성생식배아 또는 체세포복제배아 등을 생성하거나 연구하려는 연구기관)

⑥ 제41조 제1항에 따라 보건복지부장관의 허가를 받은 인체유래물은행

⑦ 배아줄기세포주를 이용하여 연구를 하려는 자가 속한 교육·연구기관, 병원 등

(2) 업무위탁협약을 통한 설치

스스로 기관 내에 IRB를 설치하지 않아도 업무위탁협약을 체결함으로써 IRB를 설치한 것으로 간주되는 기관은 해당 기관에 종사하는 연구자가 5명 이하인 기관 또는 해당 기관의 최근 3년간 IRB의 심의 건수가 30건 이하인 기관이다(법 제10조 제2항; 시행규칙 제5조). 이러한 업무위탁협약은 법 제12조 제1항에 따른 공용 IRB와 법 제10조 제3항 및 법 제11조 제4항에서 정한 IRB 업무의 수행을 위탁하기로 협약을 맺거나 보건복지부령으로 정하는 바에 따라 다른 기관의 IRB와 법 제10조 제3항 및 법 제11조 제4항에서 정한 IRB 업무의 수

행을 위탁하기로 협약을 체결하여 행해질 수 있다.

(3) IRB의 설치 시 고려사항

① IRB의 구성

IRB는 위원장 1명을 포함하여 5명 이상의 위원으로 구성하고, 하나의 성(性)으로만 구성할 수 없고, 사회적·윤리적 타당성을 평가할 수 있는 경험과 지식을 갖춘 사람 1명 이상을 포함해야 하고, 그 기관에 종사하지 아니하는 사람 1명 이상을 포함하도록 구성해야 한다(법 제11조 제1항). IRB의 위원은 제10조 제1항 각 호의 기관의 장이 위촉하며, 위원장은 위원 중에서 호선한다(법 제11조 제2항). 그리고, IRB의 심의대상인 연구·개발 또는 이용에 관여하는 위원은 해당 연구·개발 또는 이용과 관련된 심의에 참여할 수 없다(이해상충 금지)(법 제11조 제3항).

② IRB의 운영방식

IRB의 운영방식은 법 제10조 제1항에 규정되어 있는 연구 유형에 따라 정해진 IRB의 유형별로 정해지고, IRB를 설치한 해당 기관은 IRB를 유형별로 등록해야 한다. IRB의 운영은 개별 운영, 통합 운영, 협약 운영으로 행해진다.

• 개별 운영

1개 기관에 1개 유형의 IRB만 설치되어 운영되는 경우를 말하며, 단일 운영이라고도 한다. 예컨대, ○○대학교가 인간대상연구 IRB만 설치·등록하여 인간대상연구 IRB만 운영하는 경우가 여기에 해당되고, 이 IRB는 인간대상연구만 심의할 수 있다.

• 통합 운영

법 제11조 제6항과 시행규칙 제7조에 따라 1개 기관[동일 법인(법인이 아닐 경우 동일 사업자)] 내에 복수 유형의 IRB가 설치되어 한 IRB에서 모든 유형의 연구를 심의하는 경우를 통합 운영이라 한다. 심의 건수에 따라 IRB를 다수의 분과위원회(예: 제1위원회, 제2위원회 등)를 둘 수 있다. 예컨대, ○○대학교가 인간대상연구와 인체유래물연구 2개 유형의 IRB를 설치·등록하고 다수의 분과위원회로 운영하는 경우에 각각의 분과위원회는 인간대상연구와 인체유래물연구를 모두 심의할 수 있다.

분과위원회(제1위원회, 제2위원회 등)의 위원들은 상호 중복될 수 있지만 통합 운영을 수행하는 행정조직에서는 심의하는 연구 특성에 맞게 위원 선정, 심의기록 작성·관리 등을 수행해야 한다. 그리고 IRB 표준운영지침서에는 인간대상연구, 인체유래물연구 등 분야별 심의사항 등을 명시해야 한다.

IRB를 통합하여 운영하려는 경우에는 질병관리본부장에게 아래 사항들을 통보해야 한다(시행규칙 제7조).

- 통합 운영하려는 IRB의 유형(예: 인간대상연구 IRB, 인체유래물연구 IRB 등)
- 통합의 목적 및 운영방법(예: IRB의 효율성 및 전문성을 높이고자 함. 통합 IRB로 한 후 제1위원회, 제2위원회 등 총 2개 분과위원회로 운영할 예정임. 위원은 분과위원회별로 전문성을 고려하여 pool로 운영할 예정이며 일부 내부 및 외부 위원이 중복될 수 있음)
- 통합 IRB의 의사결정 등에 관한 사항(예: 통합 IRB 운영에 관한

전반적인 사항은 위 분과위원장 2인이 운영위원회를 구성하여 논의할 예정임. 연구의 심의에 대해서는 분과위원회별로 분과위원장 책임하에 독립적으로 운영할 예정임. 운영위원회와 분과위원회 운영 및 심의절차에 관한 사항은 표준운영지침을 마련하였음)

–통합 IRB의 심의결과 처리에 관한 사항(예: 심의결과는 분과별로 처리하며 다른 분과의 심의내용에 대해서는 개입할 수 없음. 분과위원회의 심의결과는 통합 사무국에서 해당 연구자에게 전달)

• 협약 운영

법 제10조 제2항과 시행규칙 제5조에 따라 2개 기관이 기관 간 IRB의 유형을 정한 업무위탁협약을 통해 1개 기관이 IRB의 업무를 수행하는 것을 협약 운영이라 한다. 예컨대, 공용 IRB가 ○○기관과 인간대상연구 IRB 협약을 맺으면 공용 IRB가 ○○기관 인간대상연구 IRB의 역할을 대신하는 경우가 여기에 해당된다.

2) IRB의 운영

(1) 회의(시행규칙 제8조)

회의의 소집은 기관의 장이 소집을 요구할 때, IRB 재적위원 3분의 1 이상이 소집을 요구할 때, 또는 그 밖에 IRB 위원장이 필요하다고 인정할 때 IRB의 위원장만이 할 수 있으며, 긴급한 경우가 아닐 경우 위원들이 출석할 수 있도록 충분한 기간(최소 회의개최일 1주일 전에 통보)을 부여해야 한다. 회의는 그 기관에 종사하지 아니하는 위원(=외부위원)이 1명 이상 반드시 출석하여야 하며, 재적위원 과반수의 출석(=의사정족수)과 출석위원 과반수의 찬성으로 의결(=의결정족

수)한다. 회의는 정기적으로 개최하도록 하고 필요시에는 수시로 개최할 수 있다.

IRB는 업무수행을 위하여 필요한 경우에는 관계 전문가를 회의에 출석하게 하여 의견을 들을 수 있는데, 관계 전문가의 출석은 IRB의 의결로 요청할 수 있고 회의 중에 관계 전문가의 출석이 필요한 경우에는 위원장이 위원들의 동의를 구한 후 출석 여부를 결정할 수 있다.

IRB는 다음 사항을 준수하여 위원 명단과 위원들의 자격을 적은 문서 및 회의록을 작성·비치해야 한다: 위원장은 회의록을 작성할 행정직원을 지명해야 하고, 회의록은 차기 회의에서 보고되어야 하고, 위원 명단과 위원들의 자격을 기재한 문서는 IRB에서 보관하되 개인정보가 유출되지 않도록 철저히 관리해야 한다.

IRB를 설치한 기관의 장은 IRB의 업무를 수행하기 위하여 IRB 표준운영지침을 마련하여야 하며, 그 밖에 IRB의 운영 등에 필요한 사항은 IRB의 의결을 거쳐 IRB의 위원장이 정한다.

(2) 위원의 제척, 기피, 회피

IRB 위원의 이해상충이 있는 경우 제척, 기피, 회피 제도를 이용하여 심의의 공정성을 확보할 수 있다.

① 제척

법에 규정되어 있는 사유인 “해당 연구·개발 또는 이용에 참여하거나 관여하고 있는 위원”은 해당 심의에서 반드시 제외되어야 하는 것(법 제11조 제3항)으로, 위원 본인이 위원장에게 제척사유에 해당함을 알리거나 위원장이 제척사유를 해당 위원에게 통보하면 심의에서 제외된다.

② 기피

피심의자가 특정 위원이 본인의 연구에 대해 공정한 심의를 진행하기 어렵다고 판단하여 해당 위원의 제외를 요구하는 것으로, 기피 이유는 피심의자가 서면으로 제출하도록 하고 해당 위원을 제외한 위원회 의결로 기피 여부를 결정한다.

③ 회피

위원 본인이 특정 연구에 대한 공정한 심의가 어렵다고 판단하여 해당 심의에서 스스로 제외시키는 것으로, 회피이유는 해당 위원이 서면으로 위원장에게 제출하고 위원장의 승인 시 해당 심의에서 제외된다.

(3) 보건복지부 보고의무 사항

법 제10조 제1항 각 호의 기관의 장은 해당 기관에서 수행하는 연구 등에서 생명윤리 또는 안전에 중대한 위해가 발생하거나 발생할 우려가 있는 경우에는 지체 없이 IRB를 소집하여 이를 심의하도록 하고, 그 결과를 보건복지부장관에게 보고하여야 한다(법 제11조 제4항).

3) IRB의 공동 운영

둘 이상의 기관이 공동으로 수행하는 다기관 연구로서 각각의 IRB에서 해당 연구를 심의하는 것이 적절하지 아니하는 경우에 IRB의 공동 운영을 할 수 있다(법 제12조 제2항). 공동으로 수행하는 연구를 하나의 IRB를 선정하여 심의하려는 수행기관의 장들의 합의 후 공동 연구를 수행기관이 각각의 소관 IRB 중 하나의 IRB를 선정하여 해당 연구를 심의할 수 있다.

IRB의 공동 운영은 ① IRB의 선정방식 및 업무지원, 의사결정 등에 대한 사항(심의를 담당하는 기관, 심의 시 행정인력 등의 지원 여부, 해당 IRB의 운영절차에 동의한다는 구속력 있는 약속 등), ② IRB의 운영비용의 부담에 관한 사항(심의비, 행정비용, 사후관리비용 등에 대한 비용분담 방안 등), ③ IRB의 심의결과 처리에 관한 사항(해당 IRB의 심의결과에 따르겠다는 약속 등), ④ 연구대상자등 보호 등 연구의 조사 및 감독에 관한 사항(해당 연구에 대한 사후 조사·감독을 누가 수행할지 여부 등)에 대해 각 기관의 장 간의 상호 합의가 있어야 한다(시행규칙 제12조). 각 기관의 장 간의 상호 합의는 공적인 형태(공문)으로 체결해야 한다.

4) 공용 IRB의 공동 이용

보건복지부장관이 법 제10조 제1항에 따라 설치된 IRB 중에서 기관 또는 연구자가 공동으로 이용할 수 있는 공용 IRB를 지정하는 경우에 공용 IRB를 기관 또는 연구자가 공동으로 이용할 수 있다(법 제12조 제1항). 이에 따라 국가생명윤리정책원이 공용 IRB로 지정되어 그 업무를 수행하고 있다.

공용 IRB의 공동 이용은 ① IRB를 설치하지 않은 기관이 공용 IRB와 협약을 맺으면 해당 기관 소속 연구자는 공용 IRB를 상시 이용할 수 있고(법 제12조 제1항 제1호), ② 기관 등에 속하지 않은 개인 연구자는 협약 체결 없이 필요시 공용 IRB를 상시 이용할 수 있고(법 제12조 제1항 제2호), ③ IRB를 설치하여 운영하고 있는 해당 기관의 장이 협약을 체결하지 않고 i) 국가나 지방자치단체가 직접 수행하거나 연구비를 지원하는 연구로서 해당 기관의 장이 공용 IRB에 심의를 요청하는 연구, ii) 둘 이상의 기관이 공동으로 수행하는 연구로서 각각의 소관 IRB 중 하나의 IRB에서 심의하기에 적절하지 않다고 판단되어 수행기관의 장들이 합의하여 공용 IRB에 심의를 요청하는 연구, 또는 iii) 사회적 파급력이 큰 연구로서 심의의 공정성 확보를 위해 공용 IRB에서 심의하는 것이 적절하다고 판단하여 해당 기관의 장이 공용 IRB에 심의를 요청하는 연구에 해당할 경우에 해당 기관장의 요청에 의해 공용 IRB의 심의를 거친 후 이용할 수 있다(법 제12조 제1항 제3호; 시행규칙 제9조 제1호).

보건복지부장관은 ① 구성, 운영 및 의사결정 구조의 독립성을 확보하고 있고, ② 생명과학·의과학·사회과학 분야의 전문지식과 연구경험이 풍부한 사람 및 법조계·윤리학계·종교계·시민단체(「비영리민간단체지원법」 제2조에 따른 비영리민간단체를 말한다)·여성계에 종사하는 사람들이 균형 있게 포함된 위원을 가지고 있고, 그리고 ③ 승인한 연구를 지속적으로 관리할 수 있는 인력을 갖추고 있는 IRB 중에서 공용 IRB를 지정할 수 있다(시행규칙 제10조 제1항). 보건복지부장관은 공용 IRB로 지정받은 IRB에게 공용 IRB 지정서를 발급해야 하며(시행규칙 제10조 제2항), 공용 IRB로 지정받은 IRB는 전년도 운영실적 등을 매년 1월 말까지 보건복지부장관에게 보고해야 한다(시행규칙 제10조 제3항).

공용 IRB는 ① 법 제10조 제2항에 따라 공용 IRB와 협약을 맺은 기관이 위탁한 업무, ② 교육·연구 기관 또는 병원 등에 소속되지 아니한 인간대상연구자 또는 인체유래물연구자가 신청한 업무, ③ 그 밖에 국가생명윤리심의위원회의 심의를 거쳐 보건복지부령으로 정하는 업무를 수행한다(법 제12조 제1항).

위 ③에서 "보건복지부령으로 정하는 업무"는 i) 둘 이상의 기관이 공동으로 수행하는 연구로서 각각의 소관 IRB 중 하나의 IRB에서 심의하기에 적절하지 않다고 판단되어 수행기관의 장들이 합의하여 공용 IRB에 심의를 요청하는 연구 또는 사회적 파급력이 큰 연구로서 심의의 공정성 확보를 위해 공용 IRB에서 심의하는 것이 적절하다고 판단하여 해당 기관의 장이 공용 IRB에 심의를 요청하는 연구에 대해 해당 기관의 장이 공용 IRB에서 하는 것이 필요하다고 판단하여 공용 IRB에 신청한 법 제10조 제3항 제1호 및 제2호의 업무와 ii) 그 밖에 생명윤리 및 안전을 위한 공용 IRB 위원 및 IRB 위원의 교육, 법 제10조 제2항에 따라 공용 IRB와 협약을 맺은 기관의 연구자 및 법 제12조 제1항 제2호에 따른 연구자의 교육, 취약한 연구대상자등의 보호지침 마련, IRB를 위한 표준운영지침 마련, 연구자를 위한 윤리지침 마련 업무를 말한다(시행규칙 제9조).

5) IRB에 대한 평가 및 인증[2]

보건복지부장관은 IRB를 평가하여 인증할 수 있고(법 제14조 제1항), 인증결과를 인터넷 홈페이지 등에 공표할 수 있다(법 제14조 제2

---

2 IRB에 대한 평가 및 인증의 내용은 IRB에 대한 평가 및 인증 업무를 수행하고 있는 국가생명윤리정책원의 「2018년 기관생명윤리위원회 평가대상기관 설명회 자료」를 바탕으로 구성되었으며, 실제 평가기관의 업무수행과 차이가 있을 수 있다.

항). 보건복지부장관은 인증을 받은 기관이 IRB의 구성 및 운영에 중요한 변동사항이 발생하여 제5항에 따른 인증기준에 맞지 아니하는 경우에는 그 인증을 취소할 수 있고, 거짓이나 부정한 방법으로 인증을 받은 경우에는 그 인증을 반드시 취소해야 한다(법 제14조 제4항). IRB에 대한 인증 유효기간은 3년이고 평가 결과에 따라 1년만 연장할 수 있다(시행령 제10조 제2항).

보건복지부장관은 IRB에 대한 평가 및 인증 업무를 법 제61조 제2항 제2호와 시행령 제24조 제2항 제2호에 따라 국가생명윤리정책원에 위탁하고 있으며, 국가생명윤리정책원에서 실제로 법 제14조와 시행령 제10조에 따라 IRB에 대한 평가 및 업무를 수행하고 있다. 보건복지부장관이 국가생명윤리정책원에 평가 및 인증 업무를 위탁한 경우에는 법 제61조 제3항에 따라 예산 보조를 할 수 있으며, 예산 보조 및 환수 등에 관한 사항은 법 제61조 제4항에 따른다. 국가생명윤리정책원은 매년 1월 말까지 평가·인증에 관한 세부사항을 국가생명윤리정책원 홈페이지에 공고해야 한다(시행규칙 제12조 제5항). 국가생명윤리정책원은 평가·인증 결과를 평가 종료 후 15일 이내에 평가·인증을 받은 기관에 통보해야 하며, 평가·인증 결과에 이의가 있는 기관은 통보받은 날부터 7일 이내에 평가·인증을 한 기관에 이의신청할 수 있다(시행규칙 제12조 제6항).

IRB에 대한 평가 및 인증은 ① 연구에 대한 윤리성 강화 및 국제적 기준 준수 등 국제적 신뢰 회복의 필요성, ② 「생명윤리 및 안전에 관한 법률」의 전부 개정으로 IRB의 양적 확대에 따른 질 관리의 필요성, ③ 기관 내 연구 및 활동에 대한 IRB의 심의 및 감독 책임에 대한 평가의 필요성이 대두되어 추진하게 되었다.

IRB에 대한 평가 및 인증의 목적은 ① 연구대상자 보호 및 윤리적 연구환경 조성, ② 연구자 및 연구대상자의 신뢰 확보(인증을 받은 IRB에 대해서는 심의의 질이 보장되고 연구대상자 보호도 충실히 한다는 증거로 작용할 수 있어 연구자 및 연구대상자의 신뢰 확보에 도움이 될 수 있음), ③ 기관 내 자율적 윤리기구로서의 IRB의 역할 강화, 지원 및 역량 강화, ④ 국제적 수준의 생명윤리 환경 조성 및 신뢰도 제고, ⑤ IRB의 질 확보(평가 및 인증을 통해 연구계획서에 대한 심의의 질을 확보하여 전국적으로 균등하고 일관된 심의 결과를 도출할 수 있도록 함) 및 관리방안 마련, ⑥ 적법하고 적절한 IRB의 구성 및 운영 확보(IRB의 구성과 운영실적 등 법에서 정하고 있는 기준의 충족 여부를 평가하여 적법하고 적절한 IRB가 될 수 있도록 함), ⑦ IRB를 설치한 기관의 장이 IRB를 행·재정적으로 지원해야 할 의무를 용이하게 이행할 수 있도록 하는 방안 마련(법 제14조 제3항에 따라 IRB가 설치된 기관에 대해 인증결과에 따른 예산 지원 및 국가 연구비 지원이 행해질 수 있기 때문에 법 제11조 제5항에 따른 기관의 장의 IRB에 대한 행·재정적 지원 의무를 용이하게 이행할 수 있도록 할 수 있음), ⑧ IRB를 발전시키고 부족한 부분의 보완기회 제공 등을 들 수 있다.

IRB에 대한 평가 및 인증의 방향은 ① 기관의 책무 강조를 위한 평가 영역과 ② IRB의 실질적 운영의 적절성 평가를 위한 영역으로 구분하여 평가 및 인증을 한다. ①의 경우에는 IRB의 구성 및 운영을 위해 필요한 기관(기관의 장)의 지원과 책무를 평가하기 위해 IRB의 설치 및 독립성과 IRB에 대한 지원을 평가요소로 한다. ②의 경우에는 IRB의 구성, 운영, 기능을 평가요소로 한다. 그리고 평가방법은 서류평가, 현장평가, 종합평가, 인증 심사 및 결과 공개로 구성되어 있다.

IRB에 대한 평가 및 인증의 기준은 ① IRB의 심의의 적절성, ② 해당 기관에서 수행 중인 연구의 진행과정 및 결과에 대한 조사·감독의 수행체계의 적정성, ③ 해당 기관 연구자·종사자 및 IRB 위원에 대한 교육의 적정성, ④ 취약한 연구대상자등의 보호대책의 수립 및 그 이행 여부, ⑤ 연구자를 위한 윤리지침의 마련 및 그 적정성, ⑥ IRB 구성의 독립성과 운영지원인력의 전문성, ⑦ IRB 표준운영지침의 마련 여부 및 그 적정성, ⑧ 관련 기록 및 문서 관리의 체계 및 그 적정성 등이다(시행령 제10조 제1항).

①과 관련하여서는, i) 신규과제, 재심의 및 이의신청, 개인정보 제공, 동의서의 내용과 동의절차, 동의면제, 심의면제, 대리인의 동의가 필요한 경우, 연구대상자등의 안전 및 개인정보 보호대책에 대한 심의 기준과 절차를 정하여 운영하는지 여부, ii) 인체유래물등의 수집, 보관, 이용, 제공, 폐기 및 이관에 대한 기준과 절차를 정하여 운영하는지 여부, iii) 심의결과의 유형과 기준을 정하여 운영하는지 여부 등이 평가 및 인증 기준의 구체적 요소이다.

②와 관련하여서는, i) 지속심의 대상 과제에 대한 심의기준과 절차를 정하여 관리하고 있는지 여부, ii) 수행 중인 연구의 변경, 종료, 위반(미준수) 등에 대한 심의기준과 절차를 정하여 관리하고 있는지 여부, iii) 수행 중인 연구에 대한 조사 및 감독(현장점검 등)의 기준과 절차를 정하여 관리하는지 여부 등이 평가 및 인증 기준의 구체

적 요소이다.

③과 관련하여서는, i) 위원의 신규 교육 및 보수 교육에 대한 기준을 정하여 운영하는지 여부, ii) 운영지원인력을 위한 교육을 지원하는지 여부 등이 평가 및 인증 기준의 구체적 요소이다.

④와 관련하여서는, 취약한 연구대상자등에 대한 보호방안이 있고 그 준수 여부를 관리하고 있는지 여부가 평가 및 인증 기준의 구체적 요소이다.

⑤와 관련하여서는, 기관 내 연구자 및 종사자를 위한 윤리지침을 마련하여 제공하고 있는지 여부가 평가 및 인증 기준의 구체적 요소이다.

⑥과 관련하여서는, IRB 구성의 독립성(법 제11조에 따라 위원을 구성하는지 여부, IRB 구성원의 역할과 의무를 정하여 운영하는지 여부, 위원의 위촉 및 연임, 해촉 등에 관한 기준 및 절차를 정하여 운영하는지 여부)과 운영지원인력의 전문성(IRB 운영지원인력이 IRB의 적법한 역할과 운영에 대해 잘 이해할 수 있는 전문성을 가지고 있는지 여부)이 평가 및 인증 기준의 구체적 요소이다.

⑦과 관련하여서는, IRB 규정 또는 지침의 제·개정을 위한 절차를 정하여 운영하는지 여부가 평가 및 인증 기준의 구체적 요소이다.

⑧과 관련하여서는, i) 문서에 대한 폐기 기준 및 절차, 보안수준 및 접근권한 등을 정하여 운영하는지 여부, ii) 회의록의 구성 내용과 작성, 회람, 승인절차를 정하여 운영하는지 여부, iii) 인체유래물등의 수집, 보관, 이용, 제공 및 폐기 등을 관리하는지 여부, iv) 심의결과 통보 절차 및 양식을 정하여 운영하는지 여부 등이 평가 및 인증 기

준의 구체적 요소이다.

6) IRB의 권한

법은 IRB의 권한에 대해 명시적으로 규정해 두고 있지는 않다. 공용 IRB에서 인간대상연구를 심의할 때 적용되는 표준운영지침서 제18조에 IRB의 권한이 규정되어 있으며, 그 내용은 다음과 같다.

① IRB는 업무의 수행을 위해 필요하다고 판단하는 경우 연구자 또는 협약기관에게 관련자료 제출을 요청할 수 있다.

② IRB는 연구자에게 심의결과를 통보하고, 필요한 경우 연구계획서의 수정 및 보완 등을 요청할 수 있다.

③ IRB는 해당 연구의 연구대상자에게 미치는 위험정도 등에 따라 연구의 승인유효기간을 조정할 수 있으며, 연구자 또는 협약기관에게 주기적으로 연구진행상황을 보고하도록 요청할 수 있다.

④ IRB는 이미 승인된 연구과제의 수행 중 진행과정 및 결과에 대하여 조사·감독을 수행하고, 필요한 경우 연구자 또는 관련기관에게 협조를 요청할 수 있다.

⑤ IRB는 연구수행 중 발생한 연구계획 위반·이탈에 대해 심의를 거쳐 제재할 수 있다.

⑥ IRB는 연구에 대한 조사·감독의 결과, 생명윤리 및 안전에 중대한 위협이 있다고 판단되는 경우 심의를 거쳐 해당 연구에 대한 제한·중지 혹은 보류를 결정할 수 있다.

⑦ IRB는 그 밖에 고시 등에 따른 업무를 수행하면서 필요한 경우 해당 사항에 대한 적절한 조치를 취할 수 있다.

7) IRB의 업무

IRB의 업무에는 ① 심의업무, ② 연구의 진행과정 및 결과에 대한 조사·감독 업무, ③ 그 밖에 생명윤리 및 안전을 위한 해당 기관의 연구자 및 종사자 교육, 취약한 연구대상자등의 보호대책 수립, 연구자를 위한 윤리지침 마련 업무가 법 제10조 제3항에 규정되어 있다.

(1) 심의업무

법 제15조 제1항에 따라 인간대상연구를 하려는 자는 연구를 하기 전에 연구계획서를 작성하여 IRB의 심의를 받아야 한다. 이러한 사전심의원칙이 IRB의 심의업무의 법적 근거로 작용한다. 이에 따라 IRB는 연구계획서의 윤리적·과학적 타당성, 연구대상자등으로부터 적법한 절차에 따라 동의를 받았는지 여부 등에 관한 사항, 연구대상자등의 안전에 관한 사항, 연구대상자등의 개인정보 보호대책에 관한 사항 등을 심의한다. 또한, 법 제10조 제3항에서 IRB의 업무를 규정해 두고 있어 심의업무가 IRB의 법적 업무라는 것을 나타낸다.

그러나, 법 제15조 제2항에 따라 연구대상자 및 공공에 미치는 위험이 미미한 경우로서 국가생명윤리심의위원회의 심의를 거쳐 보건복지부령으로 정한 기준에 맞는 연구는 IRB의 심의를 면제할 수 있다는 심의면제가 예외적으로 허용된다. 물론, 심의면제에 해당하는지 여부는 일차적으로 연구자가 판단하여 IRB에 신청하면 IRB가 최종적으로 심의면제 여부를 결정하게 된다. 그리고 심의면제에 해당하는 연구라도 연구자가 심의를 해달라고 신청하면 IRB는 심의를 해야 한다. 왜냐하면, 심의면제는 "할 수 있다"는 표현에 따라 재량사항이기 때문이다.

인간대상연구에 대한 IRB의 심의면제는 시행규칙 제13조에 따라 ① 일반 대중에게 공개된 정보를 이용하는 연구 또는 개인식별정보를 수집·기록하지 않는 연구이고, 연구대상자를 직접 조작하거나 그 환경을 조작하는 연구 중 i) 약물투여, 혈액채취 등 침습적 행위를 하지 않는 연구, ii) 신체적 변화가 따르지 않는 단순 접촉 측정장비 또는 관찰장비만을 사용하는 연구, iii) 「식품위생법 시행규칙」 제3조상 판매 등이 허용되는 식품 또는 식품첨가물을 이용하여 맛이나 질을 평가하는 연구, 또는 iv) 「화장품법」 제8조상 안전기준에 맞는 화장품을 이용하여 사용감 또는 만족도 등을 조사하는 연구, ② 일반 대중에게 공개된 정보를 이용하는 연구 또는 개인식별정보를 수집·기록하지 않는 연구이고, 연구대상자등을 직접 대면하더라도 연구대상자등이 특정되지 않고 「개인정보 보호법」상 민감정보를 수집하거나 기록하지 않는 연구, ③ 일반 대중에게 공개된 정보를 이용하는 연구 또는 개인식별정보를 수집·기록하지 않는 연구이고, 연구대상자등에 대한 기존의 자료나 문서를 이용하는 연구 중 어느 하나에 해당하는 경우에 허용된다. 다만, ②와 ③에 해당하는 연구 중 취약한 환경에 있는 시험대상자를 대상으로 할 경우에는 심의면제가 되지 않고 반드시 정규심의를 받아야 한다.

① 심의의 유형

IRB에서 수행하는 심의의 유형은 연구의 위험 정도에 따라 정규심의와 신속심의로, 심의시기에 따라 초기심의, 지속심의, 종료보고심의, 그리고 심의내용에 따라 변경심의로 구분할 수 있다.

• 정규심의

가장 표준적인 심의형태이고 신속심의나 면제 대상이 되는 과제가 아닌 모든 연구과제의 초기심의에 적용된다. 정규심의는 각 IRB의 표준업무지침서에서 정한 일정에 따라 정기적으로 실시하는 심의이다. 법 제11조와 시행규칙 제8조에 따라 정규심의는 그 기관에 종사하지 아니하는 위원이 1명 이상 출석하여야 하며, 재적위원 과반수의 출석과 출석위원 과반수의 찬성으로 이루어지는 대면회의이다.

• 신속심의

신속심의는 연구로부터 기대되는 위험이 낮은 경우 위원장이 선임한 신속심의위원에 의해 신속하게 이루어지는 심의이다. 공용 IRB 표준업무지침서 제44조에서 최소위험만이 포함된 연구, 심의를 면제할 수 있으나 연구자가 심의를 요청한 경우, 승인되어 진행 중인 연구에 대한 지속적인 검토의 경우, 중대한 이상반응 심의에 해당하는 경우, 수정 후 승인 또는 수정 후 신속심의의 결정을 통보받은 연구에 대한 재심의의 경우, 이미 승인된 연구의 기간 내에 사소한 연구 변경의 경우, 종료보고 및 결과보고 등을 신속심의 대상으로 될 수 있는 과제로 규정하고 있다.

• 초기심의

초기심의는 심의가 의뢰된 후 처음 이루어지는 심의이다. 초기심의에서 이루어진 의사결정에 따라 다시 심의가 이루어질 때를 재심의라고 하며, 흔히 초기심의에서 시정승인은 신속심의로, 보완은 전체심의로 심의하지만 IRB에 따라 차이가 있을 수 있으므로 각 IRB의 표준업무지침서에 따르도록 한다.

• 지속심의

지속심의는 연구가 진행되는 동안 일정한 주기에 따라 연구의 지속적인 시행 여부에 대해 승인을 진행하기 위한 심의이다. 법에서는 지속심의에 대해 직접적으로 언급하고 있지는 않지만 법 제10조에 IRB의 임무로 해당 기관에서 수행 중인 연구의 진행과정 및 결과에 대해 조사·감독하도록 하고 있으므로 지속심의를 간접적으로 규정하고 있다고 할 수 있다. 지속심의 주기에 대해서는 「의약품 임상시험 관리기준」[6. 가. 4)]을 원용하고 있으며, IRB는 실시 중인 임상시험에 대해 1년에 1회 이상 검토를 수행하여야 하며, 검토주기는 대상자에게 미칠 수 있는 위험 정도에 따라 IRB에서 정하도록 되어 있다. 따라서, IRB는 일반적으로 최대 승인기간을 1년으로 하고 있으며, 연구 위험도에 따라 승인 유효기간을 3개월, 6개월 등으로 조정하고 있다. 지속심의 주기는 연구의 위험을 고려하여 초기심의에서 결정되지만, 지속심의 후 연구의 위험정도에 따라 수정할 수도 있다.

• 종료보고심의

종료보고심의는 연구가 종료되었을 때 초기심의에서 승인한 대로 연구가 진행되었는지를 심의하는 것이다. 법에서는 종료보고심의에 대해 직접적으로 언급하고 있지는 않지만 법 제10조에 IRB의 임무로 해당 기관에서 수행 중인 연구의 진행과정 및 결과에 대해 조사·감독하도록 하고 있으므로 종료보고심의를 간접적으로 규정하고 있다고 할 수 있다.

• 변경심의

변경심의는 연구를 진행하면서 초기심의 또는 재심의에서 승인된 연구계획에 변경이 생기는 경우 변경내용을 재심의하는 것이다. 연구는 변경된 계획서가 승인되기 전까지는 원래 최종 승인된 연구계획서에 의해 연구를 수행하여야 한다. 변경되는 사항이 연구대상자에게 미칠 수 있는 위험이 크지 않거나 중요하지 않는 변경인 경우 신속심의로 처리될 수도 있다.

② 심의의 내용

IRB는 연구계획서, 설명문 동의서가 법 및 표준운영지침서 등의 규정 내용을 준수하여 작성되어 연구대상자의 권익 및 안전을 보호하면서 연구를 수행할 수 있는지 여부를 심의한다.

• 연구계획서의 심의

IRB에서는 연구계획서가 윤리적이면서도 과학적으로 기술되어 있는지를 검토하여야 한다. '비과학적 연구는 비윤리적'이라는 원칙하에 연구 설계, 시행 및 자료 분석 등이 견고한지에 대한 과학적 타당성 또한 심의해야 한다. 만약 비과학적인 연구수행으로 연구결과가 현장에서 적용될 수 없다면 연구대상자가 불필요하게 연구에 참여하여 불편을 경험하게 되고 이는 연구대상자 보호원칙에 위배되기 때문이다.

법 제10조 제3항 제1호에서는 ① 연구계획서의 윤리적·과학적 타당성, ② 연구대상자 등으로부터 적법한 절차에 따라 동의를 받았는지 여부, ③ 연구대상자 등의 안전에 관한 사항, ④ 연구대상자 등의 개인정보 보호대책, ⑤ 그 밖에 기관에서의 생명윤리 및 안전에 관한 사항을 IRB의 심의내용으로 규정해 두고 있다.

인간대상연구의 경우 연구계획서는 일반적으로 다음과 같이 구성되어 있다: ① 연구제목, ② 연구책임자 및 공동연구자 이름과 소속, ③ 연구지원기관(해당하는 경우), ④ 연구목적과 배경, ⑤ 연구의 설계, ⑥ 연구대상자 모집(선정과 제외 기준, 대상자수 산정근거, 대상자 모집방법 등), ⑦ 동의 취득방법, ⑧ 연구방법, ⑨ 자료수집방법(효과 평가, 안전성 평가), ⑩ 자료분석과 통계방법, ⑪ 연구대상자의 사생활 보호와 개인정보 보호대책, ⑫ 연구대상자에 대한 보상, ⑬ 연구대상자에게 기대되는 이득과 위험, ⑭ 연구대상자 안전보호대책, ⑮ 참고문헌 등.

임상시험의 경우 계획서는 다음 사항을 포함해야 한다(「의약품 등의 안전에 관한 규칙」 제24조 제2항): ① 시험의 제목, 단계, 계획서 식별번호 및 제개정이력 등, ② 시험계획서 요약, ③ 서론(배경, 이론적 근거, 유익성·위험성 평가 및 용량 설정 근거 등), ④ 시험의 목적, ⑤ 시험모집단(대상자수, 선정기준, 제외기준 및 중도탈락기준 등), ⑥ 시험 설계 내용(시험기간, 시험군·대조군, 배정, 눈가림 및 흐름도 등), ⑦ 시험 종료 및 조기중단 기준, ⑧ 임상시험용의약품의 정보 및 관리(표시 및 포장, 투여경로, 투여방법, 보관조건, 수불관리, 회수 및 폐기 등), ⑨ 시험의 방법 및 투약계획 등(투여 및 치료일정, 병용약물, 투여금지 약물 및 치료순응도 등), ⑩ 시험 절차 및 평가(방문일정, 시험일정표, 유효성·안전성 평가변수와 평가 및 이상반응 보고 등), ⑪ 자료분석 및 통계학적 고려사항(분석군, 통계분석방법, 판정기준, 분석시기 및 대상자수 설정근거 등), ⑫ 자료관리(기록, 수집, 접근, 보호 및 보관 등), ⑬ 윤리적 고려사항 및 행정적 절차(임상시험관리기준 및 동의절차 등 규정, 윤리준수, 대상자 안전보호 대책, 결과발표, 환자기록 비밀유지, 품질관리 및 신뢰성 보증 등), ⑭ 임상시험을 하려는 자의 정보, 시험책임자 성명 및 직책, ⑮ 두 제제에 대한 동등성을 확인하기 위하여 실시하는 비교용출 시험방법(임상시험 중 생물학적 동등성시험을 실시하는 경우만 해당한다). 다만, 생물학적 동등성시험에 사용할 대조약과의 비교용출 시험 결과가 대조약과 동등한 것으로 판정된 품목으로서 비교용출 시험 실시 후 해당 품목의 원료약품 및 그 분량, 제조방법 및 제조원의 변경이 없는 품목은 비교용출 시험방법을 적지 아니할 수 있다. ⑯ 그 밖에 임상시험을 안전하게 과학적으로 실시하기 위하여 필요한 사항

• 설명문 동의서의 심의

법 제16조에서는 ① 인간대상연구의 목적, ② 연구대상자의 참여 기간, 절차 및 방법, ③ 연구대상자에게 예상되는 위험 및 이득, ④ 개인정보 보호에 관한 사항, ⑤ 연구 참여에 따른 손실에 대한 보상, ⑥ 개인정보 제공에 관한 사항, ⑦ 동의의 철회에 관한 사항, ⑧ 그 밖에 IRB가 필요하다고 인정하는 사항 등이 포함된 서면동의를 연구대상자로부터 받도록 한다. 이에 따라 IRB는 설명문 동의서에 위 내용이 포함되어 있는지를 심의해야 한다. 위 ①부터 ⑦은 법에 규정되어 있는 법정사항이므로 설명문 동의서에 반드시 포함되어야 한다. ⑧에 해당하는 것으로는 연구대상자의 선정과 제외기준, 대상자 수의 산정근거, 연구대상자가 준수해야 할 사항, 연구대상자에 대한 보상, 연구자와 IRB의 연락처 등이 있다.

(2) 연구의 진행과정 및 결과에 대한 조사·감독업무

해당 기관에서 수행 중인 연구의 진행과정 및 결과에 대한 조사·감독업무를 IRB는 수행한다. 이것은 연구계획서 승인 이후의 관리에 해당하고, 이를 위해서는 IRB의 지속심의 강화(최소 연 1회 이상), 연구현장방문을 통한 점검(Audit), 연구대상자 고충처리제도 마련(연구대상자 보호센터 마련) 등이 필요하다.

(3) 그 밖에 생명윤리 및 안전을 위한 해당 기관의 연구자 및 종사자 교육, 취약한 연구대상자등의 보호대책 수립, 연구자를 위한 윤리지침 마련 업무

2. 「약사법」·「의약품 등의 안전에 관한 규칙」·「의약품 임상시험 관리기준」

1) 「약사법」

「약사법」에서는 IRB에 관한 직접적 규정을 마련해 두고 있지는 않고, 대신에 임상시험의 정의를 규정하고 있다(제2조 제15호). 그리고 법 제34조, 제34조의2, 제34조의4에서 임상시험계획이 승인을 받기 위해서는 식약처장의 승인을 받은 임상시험계획서에 따라 임상시험 수행, 지정된 임상시험실시기관에서 임상시험 실시, 사회복지시설 등 총리령으로 정하는 집단시설에 수용 중인 자를 임상시험 대상자로 선정하지 말 것, 임상시험의 내용/보상 내용과 절차 등을 대상자에게

설명하고 동의를 받을 것, 총리령으로 정하는 적합한 제조시설에서 제조 또는 제조되어 수입된 의약품을 임상시험에 사용할 것 등을 규정하고 있다. 또한 식약처장은 승인 또는 변경승인에 위반하거나 임상시험에 대해 중대한 안전성·윤리성 문제가 제기되는 경우에 임상시험 중지/임상시험용도로 의약품 사용 금지나 회수·폐기 등 조치를 할 수 있다(「약사법」에 규정되어 있는 임상시험 관련 조항에 대한 상세한 내용은 아래 본문 Ⅵ. IRB와 임상시험 참조).

또한, 임상시험에 있어서 IRB와 관련있는 내용(예: 대상자의 동의 내용과 시기·방법, 임상시험의 실시기준 등)을 총리령인 「의약품 등의 안전에 관한 규칙」에 위임할 수 있는 근거조항을 마련해 두고 있다(법 제34조 제7항).

2) 「의약품 등의 안전에 관한 규칙」

「약사법」 제34조 제7항에 따라 총리령인 「의약품 등의 안전에 관한 규칙」에서 IRB와 관련하여 IRB가 심의해야 할 임상시험계획서에 포함되어야 할 사항(제24조), 임상시험이 제한되는 집단시설(제27조), 임상시험용의약품의 치료목적 사용승인 신청 승인(제28조 제5항), 임상시험의 실시기준 등(제30조)을 규정해 두고 있다.

특히, 제30조 제1항에서는 아래 3)의 「의약품 임상시험 관리기준」과 다음 사항들에 따라서 임상시험을 실시하도록 의무규정을 두고 있다:

① 임상시험 의뢰자, 임상시험실시기관 또는 임상시험검체분석기관의 장은 임상시험을 식품의약품안전처장이 승인 또는 변경승인한

임상시험 (변경)계획서에 따라 안전하고 과학적인 방법으로 실시할 것.

② 법 제34조 제3항 제1호 단서에 따른 임상시험실시기관이 아닌 의료기관은 임상시험실시기관의 관리·감독을 받아 임상시험을 실시할 것.

③ 임상시험 의뢰자는 전문지식과 윤리적 소양을 갖추고 해당 의약품등의 임상시험을 하기에 충분한 경험이 있는 자 중에서 임상시험의 책임자를 선정할 것.

④ 임상시험의 책임자는 임상시험의 내용 및 임상시험 중 시험대상자에게 발생할 수 있는 건강상의 피해에 대한 보상 내용 및 절차 등을 임상시험 전에 시험대상자에게 설명하고 별표 4의「의약품 임상시험 관리기준」에 따라 동의서를 받을 것. 다만, 시험대상자의 이해능력·의사표현능력의 결여 등의 사유로 동의를 받을 수 없는 경우에는 친권자 또는 후견인 등의 동의를 받아야 한다.

⑤ 임상시험 의뢰자와 임상시험실시기관 및 임상시험검체분석기관의 장은 시험대상자의 안전대책을 강구할 것.

⑥ 임상시험 의뢰자는 임상시험계획 승인 받은 날부터 2년 이내에 임상시험을 시작할 것.

⑦ 임상시험 의뢰자는 임상시험 전에 식품의약품안전처장이 정한 바에 따라 별표 4 제2호 고목에 따른 임상시험자 자료집을 같은 호 버목에 따른 시험자에게 제공할 것.

⑧ 임상시험 의뢰자는 안전성·유효성과 관련된 새로운 자료 또는 정보사항 등을 입수한 경우에는 지체 없이 이를 시험자에게 알릴 것.

⑨ 임상시험 의뢰자는 별표 1, 별표 3(생물학적제제등의 경우만 해

당한다), 별표 3의2(방사성의약품의 경우만 해당한다), 별표 3의3(의료용 고압가스의 경우만 해당한다), 별표 3의4(「혈액관리법」 제2조 제8호에 따른 혈액제제의 경우만 해당한다) 및 별표 4의2의 기준에 맞게 제조된 임상시험용의약품을 사용할 것.

⑩ 임상시험계획승인을 받은 자는 해당 임상시험을 실시하는 경우 다음 각 목의 구분에 따라 해당 정보를 기간 내에 식품의약품안전처장에게 제출할 것.

가. 최초 및 최종 시험대상자 현황: 최초 및 최종 시험대상자를 선정한 날(다국가 임상시험의 경우는 최종 시험대상자의 참여가 확정된 날을 말한다)부터 30일 이내.

나. 최종 시험대상자 관찰 종료 현황: 관찰 종료일부터 20일 이내.

다. 임상시험 실시상황: 매년 실시한 상황을 다음 해 3월 말까지.

라. 임상시험 최종 결과: 최종 시험대상자(다국가 임상시험의 경우 국외 시험대상자를 포함한다) 관찰 종료일부터 1년 이내.

⑪ 임상시험실시기관의 장은 매년 임상시험의 실시상황에 대하여 별지 제32호의2 서식의 임상시험 실시상황 보고서(전자문서로 된 보고서를 포함한다)에 임상시험 실시현황 목록을 첨부하여 다음해 3월 말까지 식품의약품안전처장에게 제출할 것.

⑫ 임상시험 의뢰자와 임상시험실시기관 및 임상시험검체분석기관의 장은 임상시험 계획서, 임상시험용 의약품등의 제조 및 관리에 관한 기록 등 임상시험 실시와 관련된 각종 자료(전자문서를 포함한다)를 다음 각 목의 구분에 따라 보존할 것.

가. 제조판매·수입 품목허가(변경허가를 포함한다)를 위한 임상시

험: 제조판매·수입 품목허가일부터 3년간.

나. 가목 외의 임상시험: 시험의 완료일부터 3년간.

⑬ 임상시험계획승인을 받은 자는 중대하고 예상하지 못한 약물 이상반응이 발생한 경우에는 별표 4의 「의약품 임상시험 관리기준」 제8호 러목에 따라 식품의약품안전처장에게 보고할 것.

⑭ 임상시험검체분석기관의 장은 검체분석의 계획수립 및 수행, 품질관리, 자료 보관 등 임상시험검체분석의 적정한 실시를 위하여 필요한 사항에 관하여 식품의약품안전처장이 정하여 고시하는 기준을 준수할 것.

⑮ 임상시험실시기관의 장은 건강한 사람을 대상으로 임상시험을 실시하기 전에 임상시험에 참여하고자 하는 본인의 동의를 받아 6개월 이내 다른 임상시험에 참여하였는지 여부를 식품의약품안전처장이 운영하는 인터넷 홈페이지 등을 통하여 확인하고, 6개월 이내 다른 임상시험에 참여한 사람을 제외할 것.

3) 「의약품 임상시험 관리기준」

「의약품 등의 안전에 관한 규칙」 제30조 제1항의 위임에 따라 의약품의 임상시험 실시기준을 정한 「의약품 임상시험 관리기준」에서 IRB의 업무, 구성·기능·운영방법, 운영, 다기관 임상시험에서의 IRB, 심사위탁, 기록, 임상시험 의뢰자의 책무, 임상시험 책임자의 책무 등에 관한 내용을 규정해 두고 있다.

3. 「개인정보 보호법」

이 법은 살아 있는 개인에 대한 개인식별정보[예: 성명, 주민등록번호 및 영상 등을 통하여 개인을 알아볼 수 있는 정보(해당 정보만으로는 특정 개인을 알아볼 수 없더라도 다른 정보와 쉽게 결합하여 알아볼 수 있는 것을 포함)]의 처리에 관한 사항을 규정해 두고 있다.

이 법에서 규정하고 있는 개인정보의 수집은 정보주체의 동의를 받은 경우에 할 수 있고 수집목적의 범위 내에서 이용할 수 있다(제15조), 개인정보의 제공은 정보주체의 동의를 받은 경우에 할 수 있다(제17조), 개인정보의 수집은 그 목적에 필요한 최소한에 그쳐야 한다(제16조), 그리고 정보주체의 동의 범위를 초과하여 제공할 수 없다(제18조), 정보주체의 별도의 동의를 받은 경우에는 특정개인을 알아볼 수 없는 형태로 개인정보를 학술연구 및 통계작성 목적으로 제공할 수도 있다(제18조 2항) 등은 「생명윤리 및 안전에 관한 법률」상 연구대상자의 개인정보 보호를 위해서도 똑같이 적용된다.

그리고, 민감정보는 정보주체의 별도의 동의를 받은 경우 예외적으로 처리가능하다(제23조). 즉, 연구대상자의 민감정보가 관련될 경우에는 연구참여에의 동의서뿐만 아니라 별도로 민감정보 이용 동의서를 받아야 한다. 실제로는, 연구참여 동의서에 별도의 항목을 마련하여 민감정보 이용에 관한 동의를 받고 있다.

이 법은 연구대상자의 개인정보 중 고유식별정보인 주민등록번호에 대해서는 제24조의2를 새로 마련하여 그 처리를 제한하고 있다. IRB와 연구책임자는 연구대상자의 주민등록번호에 대해 ① 법령에서 구체적으로 주민등록번호의 처리를 요구하거나 허용한 경우, ② 정보주체 또는 제3자의 급박한 생명 · 신체 · 재산의 이익을 위하여 명백히 필요하다고 인정되는 경우, ③ 행정안전부령으로 정하는 경우 이외에는 주민등록번호를 처리할 수 없다는 사실을 알아야 한다. 그리고 연구책임자는 주민등록번호가 분실 · 도난 · 유출 · 변조 또는 훼손되지 아니하도록 암호화 조치를 통하여 안전하게 보관하여야 하고 IRB는 이러한 사실을 심의해야 한다.

[민감정보]

> 사상 · 신념, 노동조합 · 정당의 가입 · 탈퇴, 정치적 견해, 건강, 성생활 등에 관한 정보, 그 밖에 정보주체의 사생활을 현저히 침해할 우려가 있는 개인정보로서 대통령령으로 정하는 정보(=유전자검사 등의 결과로 얻어진 유전정보와 「형의 실효 등에 관한 법률」 제2조 제5호에 따른 범죄경력자료에 해당하는 정보).

V.

IRB 관련 핵심개념

학습목표

- 충분한 정보에 의한 동의의 이해와 법령 및 국제윤리기준의 규정 이해
- 취약한 환경에 있는 시험대상자의 이해와 법령 및 국제윤리기준의 규정 이해
- 이해상충의 이해와 법령 및 국제윤리기준의 규정 이해
- 사생활 보호와 비밀보장의 이해와 법령 및 국제윤리기준의 규정 이해

IRB와 관련해서는 이해해야 하는 많은 개념과 내용이 있지만, 연구대상자 보호와 관련되는 핵심개념인 충분한 정보에 의한 동의, 취약한 환경에 있는 시험대상자, 이해상충, 사생활 보호와 비밀보장에 대한 내용을 기술하고 관련 법령 및 국제윤리기준의 규정을 기술한다.

1. 충분한 정보에 의한 동의(Informed Consent)

1) 충분한 정보에 의한 동의의 의의 및 법적 근거

연구대상자가 자율성을 가지고 아무런 부당한 간섭이나 영향력을 연구자로부터 받지 않고서 스스로 연구에 참여하겠다는 의사표시를 '충분한 정보에 의한 동의'라 하며, 정보·이해·자발성이 충분한 정보에 의한 동의를 구성하는 요소이다. 또한, 충분한 정보에 의한 동의는 "연구참여를 거절하더라도 어떠한 벌칙도 이득의 상실도 없다는 것과 어떠한 벌칙도 이득의 상실도 없이 언제든지 연구참여를 중단할 수 있다"는 것을 보장한다.

충분한 정보에 의한 동의는 동의서에 서명하는 것만을 의미하는 것이 아니라 연구대상자와 연구자 간에 연구 이전에, 계속 중에, 이후에도 발생하는 상호 정보교환 과정을 말하는 것이다. 충분한 정보에 의한 동의가 인간대상연구의 윤리적 수행에 있어서 핵심적 요소이기 때문에 연구자는 연구대상자에게 충분한 정보를 제공하여 자발적으로 연구에 참여할 수 있도록 해야 한다.

「생명윤리 및 안전에 관한 법률」 제10조 제3항 제1호 나목에서는 "연구대상자등으로부터 적법한 절차에 따라 동의를 받았는지 여부"에 대한 심의를 IRB의 업무로 규정해 두고 있다.

뉴렘버그 강령 - 「인체실험을 위한 지침」

① 연구대상자의 자발적 동의는 필수이다.

⑨ 연구대상자는 연구 도중 언제든지 참여를 철회할 수 있다.

헬싱키선언 - 충분한 정보에 의한 동의

25. 의학연구 대상자로서 충분한 정보에 의한 동의를 할 수 있는 사람의 참여는 자발적이어야 한다. 연구자는 가족이나 지역사회의 지도자와 의논할 수는 있지만, 충분한 정보에 의한 동의가 가능한 사람이 자유롭게 동의한 것이 아니라면 연구에 등록하여서는 안 된다.

26. 충분한 정보에 의한 동의를 할 수 있는 사람이 관련된 의학연구에서, 각 잠재적인 연구대상자에게 각 연구의 목적, 방법, 재원의 출처, 가능한 모든 이해상충, 연구자의 소속기관, 연구에서 예견되는 이익과 잠재적 위험, 연구에 수반되는 불편, 연구 종료 후 지원, 그리고 기타 연구에 관련된 측면들에 대해 충분하게 설명하여야 한다. 잠재적인 연구대상자에게 어떠한 불이익 없이 연구참여를 거절할 수 있는 권리와, 참여에 대한 동의를 언제든지 철회할 수 있는 권리가 있다는 것을 충분히 설명하여야 한다. 또한, 정보의 전달방법뿐만 아니라 잠재적인 개별 연구대상자의 특정정보 요구에도 특별한 주의를 기울여야 한다. 의사 또는 다른 적절한 자격을 갖춘 사람은 잠재적인 연구대상자가 정보를 이해한 것을 확인한 후에 잠재적인 연구대상자

의 자발적인 충분한 동의에 의한 동의를 구해야 하며, 동의는 가급적 이면 서면으로 받는다. 만약 동의를 서면으로 할 수 없는 경우라면, 증인의 입회하에 그 사실을 문서로 작성해 두어야 한다. 모든 의학연구의 대상자에게는 연구의 일반적 성과와 결과에 대한 설명을 받을 선택권이 주어져야 한다.

27. 의사는 연구 참여에 대해 충분한 정보에 의한 동의를 구할 때, 잠재적인 연구대상자가 의사에게 의존적 관계에 있는지 또는 강압에 의해 동의하는지 특히 주의하여야 한다. 그런 상황에서라면 그 관계에서 완전히 독립적인 적절한 자격의 사람이 충분한 동의에 의한 동의를 구해야 한다.

28. 충분한 정보에 의한 동의를 할 능력이 없는 잠재적인 연구대상자인 경우, 의사는 합법적인 대리인에게 충분한 정보에 의한 동의를 구해야 한다. 충분한 정보에 의한 동의를 할 능력이 없는 잠재적인 연구대상자들이 속한 집단의 건강증진을 목적으로 하고, 동의가 가능한 사람으로 대체해서 수행할 수 없고, 최소위험과 최소부담만을 수반하는 연구를 제외하고는 이들은 자신들에게 이익의 가능성이 없는 연구에 포함되어서는 안 된다.

29. 충분한 정보에 의한 동의를 할 능력이 없다고 여겨지는 잠재적인 연구대상자가 연구 참여에 대한 결정에 찬성할 수 있다면, 의사는 합법적인 대리인의 동의와 함께 본인의 찬성을 구해야 한다. 잠재적인 연구대상자의 반대의사를 존중하여야 한다.

30. 예를 들어 의식이 없는 환자와 같이 신체적 또는 정신적으로 동의능력이 없는 연구대상자를 포함하는 연구는, 충분한 동의에 의한

동의를 못하게 하는 신체적 또는 정신적 상태가 연구대상 집단의 필수적인 특성인 경우에만 수행될 수 있다. 그런 경우 의사는 합법적인 대리인으로부터 충분한 동의에 의한 동의를 구해야 한다. 법정대리인과 접촉할 수 없지만 연구를 지체해선 안 된다면, 동의를 할 수 없는 상태에 있는 환자를 대상으로 하는 구체적인 이유가 연구계획서에 명시되어 있고 IRB가 그 연구를 승인한 경우에만 동의 없이도 연구를 수행할 수 있다. 단, 연구에 계속 참여할지에 대한 동의는 대상자나 그의 합법적인 대리인으로부터 가능한 한 빨리 받아야 한다.

31. 의사는 환자에게 진료의 어떤 측면이 연구와 관계되는지 충분히 알려주어야 한다. 환자가 연구 참여를 거부하거나 참여를 철회하여도 환자-의사 관계에 부정적인 영향을 미쳐서는 안 된다.

32. 인체유래물은행이나 유사한 저장소에 보관된 인체유래물이나 정보에 관한 연구처럼 개인을 식별할 수 있는 인체유래물이나 정보를 이용하는 의학연구의 경우, 의사는 그 수집, 보관 및 재사용에 관하여 충분한 정보에 의한 동의를 구해야 한다. 동의를 얻는 것이 불가능하거나 비현실적인 예외적 상황은 있을 수 있다. 그런 경우는 IRB의 심의와 승인을 받은 경우에만 수행하여야 한다.

CIOMS 지침 9: 충분한 정보에 의한 동의를 제공할 수 있는 개인들

IRB가 충분한 정보에 의한 동의의 면제나 변경을 승인하지 않는 한(지침 10-충분한 정보에 의한 동의의 변경과 면제), 연구자는 잠재적 연구 대상자들에게 연구에 참여하거나 거절하기 위해 그들의 자유롭고 충분한 정보에 의한 동의를 주기 위한 정보와 기회를 제공해야 하는 의무가 있다. 충분한 정보에 의한 동의는 과정으로서 이해되어야 하고, 대상자들은 아무런 불이익 없이 연구에서 언제든지 철회할 권리를 가진다.

연구자는 ① 연구에 관한 관련 정보를 제공한 이후에만 그리고 잠재적 대상자가 실제 사안들을 충분히 이해하고 있다는 것을 확인한 이후에만 동의를 구하고 얻을 의무를 지고, ② 정당하지 못한 속임수나 관련 정보의 미제공, 부당한 영향력이나 강요를 하지 말아야 할 의무를 지고(지침 10－충분한 정보에 의한 동의의 변경과 면제), ③ 잠재적 대상자가 연구에 참여할지 여부를 고려할 충분한 기회와 시간을 제공받았다는 것을 보장할 의무를 지고, ④ 일반적 원칙으로서, 충분한 정보에 의한 동의의 증거로서 각각의 잠재적 대상자로부터 서명된 동의서를 받아야 한다. 연구자는 이러한 일반적 원칙에 대한 모든 예외에 대해서 그 정당성을 입증해야 하고 IRB의 승인을 얻어야 하는 의무를 진다.

만약 연구의 상황이나 절차에 실질적 변경이 생기거나 대상자들이 기꺼이 계속하여 연구에 참여할 의도에 영향을 미칠 수 있는 새로운 정보가 이용가능하게 될 경우에는, IRB의 승인을 얻어서 연구자는 개개 대상자의 충분한 정보에 의한 동의를 갱신해야 한다. 장기간 연구에 있어서 연구자는 연구의 설계나 목적에 아무런 변경이 없다고 하더라도 개개 대상자가 연구에 기꺼이 남기를 원한다는 것을 미리 정해진 주기마다 보장해야 한다.

연구를 위해 충분한 정보에 의한 동의를 획득하는 모든 연구자는 이 지침을 준수한다는 것을 보장하는 것이 시험책임자의 의무이다.

2) 충분한 정보에 의한 동의의 내용

(1) 정보(Information)

정보란 연구대상자가 연구참여 여부를 결정할 수 있는 연구에 대한 적절한 정보－연구절차, 연구목적, 연구의 위험과 예상이득, 대체절차(치료인 경우), 연구대상자가 연구자에게 질문할 기회 제공, 언제든지 아무런 불이익 없이 연구탈퇴기회 제공 등－를 말한다. 제공되는 정보의 적절성 여부는 연구참여 여부를 결정할 수 있는 충분한 정보인지 합리적 사람이라면 판단할 수 있는 "합리적 주체(reasonable subject) 기준"－일반적으로 중학생 정도의 지적 수준을 가진 사람이 읽고 이해하는 정도－이 사용된다.

(2) 이해(Comprehension)

연구의 목적, 절차, 조건, 자신의 역할, 위험 등에 대한 연구대상자의 판단을 말한다. 정보를 전달하는 방법(예: 일반적 용어 사용)과 맥락이 정보 자체만큼 중요하다. 연구대상자의 능력에 맞게 정보를 제공해야 하고, 연구대상자가 제공된 정보를 이해했다는 것을 연구자가 확인해야 할 책임이 있다. 예컨대, 연구대상자 스스로 이 연구의 목적을 말할 수 있는지, 이 연구에서 자신에게 어떤 일이 일어날 것이라고 생각하는지, 이 연구에 참여함으로써 얻을 수 있는 이득과 위험이 무엇인지, 이 연구에 참여하는 것 이외의 대안이 있는지 등을 연구자가 연구대상자와 연구자의 서명란이 있는 동의서에 기재하여 확인해야 한다.

(3) 자발성(Voluntariness)

연구대상자의 자유의지(자기결정)에 의해 연구참여를 선택하는 것을 말한다. 연구에 참여하겠다는 합의가 자발성에 의해 효력있는 합의를 구성하게 되고, 강요(coercion)나 부당한 영향력(undue influence)으로부터 자유로움을 의미한다. 강요는 합의를 준수하도록 고의적인 명백한 위협을 가하는 것을 말하고 부당한 영향력은 합의를 준수하도록 과도하거나 부적절한 보상을 제공하는 것을 말한다. 가까운 친척의 영향력을 통해 대상자의 선택을 조작하거나 의료 서비스를 중단하겠다고 위협하는 것이 부당한 영향력의 예에 해당할 수 있다.

3) 충분한 정보에 의한 동의의 한계 – 속임수(Deception)

과거 터스키기 매독연구와 같은 관찰연구에서 속임수가 사용되었다. 연구의 모든 정보를 연구대상자에게 제공할 경우 연구의 타당성을 훼손하거나 연구목적을 달성할 수 없는 경우, 최소 이상의 위험에 대한 불완전한 공개가 없는 경우, 그리고 연구결과를 공개하는 적절한 보고계획이 있는 경우 등에는 속임수나 불완전한 정보제공이 허용되기도 한다. 그러나 속임수는 연구대상자의 연구참여에 대한 정보를 감추거나 왜곡시켜 진정한 자발적 참여를 이끌어내지 않을 수 있는 위험을 내포하고 있다.

이러한 점을 염두에 두고, 연구자가 속임수를 사용해야만 할 경우에는 대상자들이 완벽할 정도로 충분한 정보를 듣지 못한다 하더라도 해당 정보로 인해 연구자의 연구가설 검증력을 해칠 정도가 아닌 한 많은 정보를 대상자에게 제공해야 한다. 또한, 동의서가 속이기의

도구로 사용되어서는 안 되며 동의서에 기술된 내용은 모두 진실이어야 한다. 연구종료 후에는 제공하지 않은 정보를 모두 제공해야 하며 최종적으로 연구에 참여할 것을 동의한 대상자만 참여자로 인정하여야 한다. 동의서에는 연구절차에 관한 많은 정보가 포함되어야 하지만 연구과정을 고지하는 것이 연구 개연성을 제거할 정도라면 동의서에 연구 상세 정보를 모두 명시할 필요는 없다 하겠다.[1]

[속임수 사용 연구의 예][2]

아이의 양육에 관한 엄마들의 행동(엄마들이 실제로 아이에게 얼마나 자주 웃고 부드러운 접촉을 하는지, 얼마나 자주 언성을 높이는지, 또는 아이를 거칠게 다루는지와 같은 양육행동)을 관찰하는 것이 본래의 연구목적이다. 그런데, 이 연구의 본래목적을 연구대상자인 엄마들에게 알려준다면, 엄마들은 양육에 부적합한 행동을 피하기 위해 의도적으로 자연스러운 행동 양상으로 바꿀 것이 예상된다. 그 결과, 연구자가 획득하는 데이터는 왜곡되어 연구목적을 달성할 수 없게 될 수 있다. 이럴 경우 연구자는 아이들이 색깔, 모양, 기능에 따라 장난감에 어떻게 반응하는지 알아보기 위해 엄마들에게 아이들과 노는 것을 관찰하는 것이라고 설명한다.

1 Elizabeth A. Bankert 외 엮음/이경훈 옮김, IRB란 무엇인가?, 지코사이언스, 2011, 359면 참조.

2 Evan Derenzo 등 지음/최현일 등 옮김, 연구계획서 IRB 통과하기, 연세대학교 대학출판문화원, 2014, 207~208면 참조.

4) 동의서 획득과 동의서 면제

(1) 동의서 획득

연구자는 연구를 수행하기에 앞서 반드시 연구대상자로부터 동의서를 획득해야 한다. 「생명윤리 및 안전에 관한 법률」 제10조 제3항 제1호에 나열되어 있는 사항(연구계획서의 윤리적·과학적 타당성, 연구대상자등으로부터 적법한 절차에 따라 동의를 받았는지 여부, 연구대상자등의 안전에 관한 사항, 연구대상자등의 개인정보 보호대책, 그 밖에 기관에서의 생명윤리 및 안전에 관한 사항)은 IRB가 연구대상자 보호를 위해 반드시 심의해야 할 것으로 그중 나목에서는 '적법한 절차'에 따른 동의 획득을 규정해 두고 있다. 즉, 연구자가 연구대상자로부터 동의서를 획득하는 방법이 '적법한 절차'에 따라야 한다는 것이다. 그런데 '적법한 절차'가 무엇인지에 대해서는 법에 아무런 규정도 없다. 생각건대, 동의서를 획득하는 과정과 동의서의 내용이 다음 사항을 충족할 경우에 연구자가 적법한 절차를 거쳐 연구대상자로부터 동의서를 획득한 것으로 볼 수 있을 것이다.

첫째, 연구자가 연구대상자에게 법 제16조 제1항에 규정되어 있는 동의서 필수기재사항(인간대상연구의 목적, 연구대상자의 참여 기간·절차 및 방법, 연구대상자에게 예상되는 위험 및 이득, 개인정보 보호에 관한 사항, 연구 참여에 따른 손실에 대한 보상, 개인정보 제공에 관한 사항, 동의의 철회에 관한 사항)과 그 밖에 기관생명윤리위원회가 필요하다고 인정하는 사항이 기재된 동의서를 제공한 경우.

둘째, 연구대상자가 이해할 수 있도록 모든 정보를 쉽고 명확한 용어로 기술하여 자발적인 참여를 이끌어 낼 수 있고, 연구자의 책임회피와 연구대상자의 권리제한과 같은 내용이 기술되어 있지 않으며 해당 법률 및 규정에 근거한 윤리원칙 및 기준에 따라 적절하게 작성된 동의서를 제공한 경우.

셋째, 연구대상자로부터 동의서를 획득하는 시점과 연구를 시작하는 시점이 너무 밀접한 경우 연구참여 결정에 부정적 영향을 미칠 수 있다는 사실을 연구자가 인식하여 연구대상자에게 어떤 강제나 부당한 영향 없이 가족이나 친지와 상의할 수 있는 동의를 위한 충분한 시간과 기회가 제공된다는 사실을 기재한 동의서를 연구자가 제공한 경우.[3]

넷째, 사생활 보호가 동의서 획득과정에서 매우 중요하기 때문에 제3자가 엿들을 수 있는 공간이 아니라 연구대상자의 사생활 보호를 위한 독립된 장소에서 동의서 획득이 이루어진 경우.[4]

다섯째, 연구자뿐만 아니라 연구팀원 중 한 사람이 연구대상자로부터 동의서를 획득할 수 있다는 사실(특히, 연구자가 우월적 지위에 있거나 이전부터 연구대상자와 친밀한 사이인 경우에는 연구팀원 중 한 사람에게 동의서 획득을 위임해야 함)과 동의서를 획득하려는 사람이 충분히 훈련을 받아 연구에 대한 질문에 답할 수 있다는 사실 등을 알리고 동의서 획득이 이루어진 경우.[5]

---

3 Cynthia McGuire Dunn & Gary L. Chadwick, *Protecting Study Volunteers in Research*, CenterWatch, 3rd ed., 2004, 90면 참조.
4 Cynthia McGuire Dunn & Gary L. Chadwick, *Protecting Study Volunteers in Research*, CenterWatch, 3rd ed., 2004, 89면 참조.
5 Cynthia McGuire Dunn & Gary L. Chadwick, *Protecting Study Volunteers in Research*, CenterWatch, 3rd ed., 2004, 89면 참조.

여섯째, 해당 IRB의 승인을 받은 동의서를 연구자가 제공한 경우.

(2) 동의서 면제

연구자는 연구대상자로부터 동의서를 획득하지 않고서 자신의 연구를 수행할 수 있다고 판단하면 기관생명윤리위원회에 동의서면제 사유서를 제출하여 동의서 면제를 요청할 수 있다.

「생명윤리 및 안전에 관한 법률」 제16조 제3항에서는 ① 연구대상자의 동의를 받는 것이 연구 진행과정에서 현실적으로 불가능하거나 연구의 타당성에 심각한 영향을 미친다고 판단되는 경우, 그리고 ② 연구대상자의 동의 거부를 추정할 만한 사유가 없고, 동의를 면제하여도 연구대상자에게 미치는 위험이 극히 낮은 경우를 동의서 면제 사유로 규정해 두고 있다. 다만, 연구대상자가 동의능력이 없거나 불완전한 사람으로서 「아동복지법」 제3조 제1호의 아동(만 18세 미만인 자)이나 그 밖에 대리인의 서면동의가 필요하다고 보건복지부장관이 정하여 고시하는 사람인 경우에는 어떤 경우에도 대리인의 서면동의를 면제할 수 없다.

CIOMS지침 10: **충분한 정보에 의한 동의의 변경과 면제**

연구자는 IRB로부터 그렇게 해도 된다는 명백한 승인을 받지 않고서는 각 대상자의 또는 법정대리인의 충분한 정보에 의한 동의를 받지 않고는 인간대상연구를 시작해서는 안 된다. 충분한 정보에 의한 동의의 면제가 인정되기 전에 연구자와 IRB는 먼저 연구의 일반적 내용을 이해하고 참여할지 여부를 결정할 수 있는 대상자의 능력을 보존하는 방법으로 충분한 정보에 의한 동의가 변경될 수 있는지 여부를 정립할 것을 구해야 한다. IRB는 ① 연구 수행이 충분한 정보에 의한 동의의 면제나 변경 없이는 타당하지도 실현가능하지도 않을 것, ② 연구가 중요한 사회적 가치를 가질 것, 그리고 ③ 연구가 대상자들에게 최소위험 이상을 초래하지 않을 것이면 충분한 정보에 의한 동의의 면제나 변경을 승인할 수 있다. 충분한 정보에 의한 동의의 면제나 변경이 특정 연구 맥락에서 승인될 때에는 추가적인 조건들이 적용될 수 있다.

[동의서 면제 해당 연구의 예][6]

> 연구자는 개복수술을 받은 성인환자의 특정혈액 수치 변화와 수술 후 합병증 발생 간의 상관관계를 알아보기 위해 지난 2년 동안 개복수술(1년에 5,000건 정도)을 한 모든 성인환자들의 의무기록을 조사하고자 한다. 이 연구목적을 위해 수집하는 정보는 수술 전 진단명과 개복수술의 유형, 수술 전 특정혈액 화학 값, 수술 후의 동일한 특정 혈액 수치, 수술 후 문제사항, 그리고 환자의 나이이다. 연구대상자를 식별할 수 있는 정보는 수집하지 않는다. 그리고 연구자는 수집 정보를 이중으로 암호화하여 오직 자신만이 정보의 정확도 입증이 필요한 경우에 관련 링크를 알 수 있도록 하는 장치를 마련하였다.

5) 연구대상자의 유형에 따른 동의서 이슈

의사능력이 있어 연구참여에의 결정을 스스로 할 수 있는 성인의 경우에는 연구대상자 본인의 동의만 받고 연구자가 연구수행을 할 수

6 Elizabeth A. Bankert 외 엮음/이경훈 옮김, IRB란 무엇인가?, 지코사이언스, 2011, 365면.

있어 일반적인 동의서 양식에 따르면 동의서 획득과 관련한 문제는 없다. 그런데, 취약한 환경에 있는 연구대상자, 특히 의사능력이 제한되어 있는 성인이나 아동인 경우에는 자발적 연구참여 결정이 어렵기 때문에 부모나 후견인 또는 법정대리인의 추가 및 대리동의 등 추가적 안전장치의 마련이 동의서 획득에 있어서 매우 중요하다.

(1) 아동

「생명윤리 및 안전에 관한 법률」 제16조 제2항에서는 "동의능력이 없거나 불완전한 사람으로서 보건복지부령으로 정하는 연구대상자"를 규정해 두고 있고, 이에 따른 법 시행규칙 제14조에서는 "아동복지법 제3조 제1호의 아동"을 규정하여 만 18세 미만을 아동으로 본다. 「의약품 임상시험 관리기준」에서는 "미성년자"를 아동에 해당하는 것으로 규정해 두고 있다.

아동은 나이, 성숙도, 심리상태 등에 따라 동의능력이 크게 달라질 수 있다는 사실을 연구자는 인식하여 아동을 연구대상자로 하려는 경우에는 해당 아동(대개 6~12세 정도의 아동)의 찬성뿐만 아니라 법정대리인(부모, 후견인 등)의 허락도 받아야 한다. 연구자는 또한 아동을 연구에 참여시킬 때에는 부모의 이해상충도 고려해야 한다. 예컨대, 암연구에 있어서 성인에 비해 아동의 참여율이 월등히 높을 경우 연구자는 부모의 결정 이유와 영향력을 재고해야 한다.

그리고 집단시설의 아동(예: 위탁아동)은 원칙적으로 「약사법」과 「의약품 등의 안전에 관한 규칙」에서 임상시험의 연구대상자로 선정하지 못하도록 되어 있기 때문에, 고아, 버림받은 아동, 이와 비슷한 형편의 아동의 처지를 연구하기 위한 것이 아닌 한, 이러한 아동을 연구대상자로 하여 연구에 포함시키려 할 경우에는 연구자는 그 이유를 동의서에 명시해야 한다.

이처럼 연구대상자가 아동인 경우에는 ① 자기결정권이 변할 수 있다는 사실, ② 질병치료(연구 포함)에 관한 부모의 결정과 다를 수 있어 부모의 의사결정이 적절한지 여부, ③ 충분한 정보에 의한 동의를 법적으로 할 수 없다는 취약성 고려, ④ 아동이 참여비용을 받게 될 때 그 보상방법(예: 어떤 방식으로, 얼마나, 누구에게) 등에 대해서도 연구자는 동의서 획득 시 고려해야 한다.[7] 또한, ⑤ 만 18세 미만 아동의 경우 법정대리인의 서면동의를 받아야 한다는 점, ⑥ 연구대상자가 동의능력이 없거나 불완전한 사람이더라도 가능한 한 연구대상자가 이해할 수 있는 정도까지 연구에 관한 정보를 주고 동의서를 작성하게 하여 연구참여에 대한 승낙을 받아야 한다는 점, ⑦ 아동의 연령 및 동의능력에 맞는 방법으로 동의를 획득해야 한다는 점, ⑧ 동의권자가 이해하기 쉬운 용어와 표현을 사용하여 동의서가 마련되어야 한다는 점을 연구자는 인식해야 한다. 동의서 획득과 관련하여 7세 미만 아동은 구두 승낙, 7~12세 아동은 소아용 승낙서, 13세 이상은 성인용 동의서를 사용할 수 있다.

CIOMS 지침 17: 아동과 청소년을 포함하는 연구

우수한 과학적 이유가 제외를 정당화하지 않는다면, 아동과 청소년은 건강 관련 연구에 포함되어야 한다. 아동과 청소년은 명백한 생

---

7 Evan Derenzo 등 지음/최현일 등 옮김, 연구계획서 IRB 통과하기, 연세대학교 대학출판문화원, 2014, 373면.

리적 · 보건적 필요성을 가지고 있기 때문에 연구자와 IRB에 의해 특별한 고려를 받을 자격이 있다. 그러나, 그들의 명백한 생리적 · 감정적 진전상황이 또한 아동과 청소년을 연구 수행에 있어서 해를 받을 수 있는 증가된 위험에 처하게 할 수 있다. 나아가, 적절한 지원 없이는, 그들은 충분한 정보를 줄 수 있는 발전과정 중에 있는 능력으로 인해서 자신들 스스로의 이해관계를 보호할 수 없을 것이다. 연구에서 아동의 권리와 복지를 안전하게 보호해 줄 수 있는 구체적 보호가 따라서 필요한 것이다.

아동과 청소년에 대한 연구를 하기에 앞서 연구자와 IRB는 ① 아동 또는 청소년의 부모 또는 법정대리인이 허락(permission)을 해야 하고, ② 아동 또는 청소년의 승낙(assent)이, 아동 또는 청소년의 성숙도 단계에 맞추어진 연구에 관한 충분한 정보가 제공된 이후에, 그들의 능력에 알맞게 획득되어야 한다는 것을 보장해야 한다.

만약 아동이 연구참여 도중에 법적 성숙도 나이에 도달하게 되면, 연구에의 계속 참여 여부에 대한 아동의 동의가 획득되어야 한다.

예외적 상황에서, 연구참여가 아동이나 청소년에게 최상의 의료적 옵션으로 간주되는 것이 아니라면, 일반적으로 아동이나 청소년의 연구참여나 연구참여 계속에 대한 거절은 존중되어야 한다.

아동이나 청소년에게 이득을 줄 수 있는 잠재성을 가지고 있는 연구 중재나 절차를 위해서, 위험은 최소화되어야 하고 잠재적인 개별적 이득에 대한 기대가 위험을 능가해야 한다.

대상자에게 어떠한 잠재적인 개별적 이득을 가지고 있지 않은 연구 중재나 절차에 대해서는 ① 아동이나 청소년의 참여 없이는 필요한 데이터가 획득될 수 없는 것이 아니라면, 이러한 중재와 절차가 아동이나 청소년뿐만 아니라 성인에게 영향을 미치는 조건(상태)을 목표로 할 때에는 중재와 절차는 성인에게 먼저 연구되어야 하고, ② 위험은 최소화되어야 하고 최소위험 이상이 되어서는 안 된다는 조건이 적용된다.

그러한 연구 중재와 절차를 지닌 연구의 사회적 가치가 절실히 요구될 때에는, 그리고 이러한 연구가 성인에 대해서 수행될 수 없을 때에는, IRB는 최소위험보다 약간 더 증가한(a minor increase) 위험을 허용할 수 있다.

(2) 정신지체 성인

「생명윤리 및 안전에 관한 법률」 제16조 제2항에서는 "동의능력이 없거나 불완전한 사람으로서 보건복지부령으로 정하는 연구대상자"를 규정해 두고 있고, 이에 따른 법 시행규칙 제14조에서는 "그 밖에 대리인의 서면동의가 필요하다고 보건복지부장관이 정하여 고시하는 사람"을 동의능력이 불완전한 사람으로 본다. 「의약품 임상시험 관리기준」에서는 "자유의지에 따른 동의를 할 수 없는 대상자"를 판단능력 장애 성인에 해당하는 것으로 규정해 두고 있다.

정신지체 성인은 장애의 정도에 따라 지속적이거나 일시적 문제(예: 정신분열증 환자나 약물중독 환자)나 점진적으로 진행될 수 있는 문제(예: 알츠하이머 환자)일 수 있고 시설에 수용되어 있거나 병원에 입원 중이고 경제와 교육의 혜택을 받지 못하며 만성적인 질환을 앓고 있는 경우가 많기 때문에, 연구자는 정신지체 성인의 경우에는 처한 상황에 따라 자율성 제한 정도에 차이가 날 수 있다는 사실을 인식해야 한다. 따라서 연구자는 연구대상자의 동의능력을 판단할 때 해당 업무와 결정이 내려져야 하는 특정 환경에 따라 평가해야 한다. 예컨대, 인터뷰 참가에는 동의할 수 있지만 약물 연구에 동의할 만한 능력은 충분치 못한 사람이 있을 수 있다는 사실을 연구자는 인식해야 한다.

이처럼 정신지체 성인을 연구대상자로 포함하는 것은 강압에 취약할 수 있다는 점 및 충분한 정보에 의한 동의를 할 수 없다는 점 등 인간존중원칙·선행원칙·정의원칙과 관련된 윤리적 우려사항이 광범위하다는 것을 연구자는 인식해야 한다. 그러므로, 정보를 보유할 수 있는 능력이 떨어지는 정신지체 성인의 경우에는 단계별 동의를 받을 수 있다는 사실과 연구수행 중 동의능력을 지속적으로 평가하여 충분한 정보에 의한 동의과정을 통해 정신지체 성인을 충분히 보호한다는 사실을 연구자가 동의서에 기술하는 것이 바람직하다.[8]

정신지체 성인이 연구에 참여할 경우에는 동의서 획득과정의 모니터링 강화, 연구와 무관한 연구자 보조원 및 동의능력 평가요원 배치, 환자측 대변인들의 더 많은 IRB의 심의과정에의 참여 보장 등이 동의서에 기술되는 것이 바람직하다.[9] 특히, 환자옹호단체·가족 구성원·친지 등은 연구대상자 집단에 대한 이해와 연구로 인해서 이들이 어떤 영향을 받을지에 대한 이해를 도와줄 수 있다. 즉, 강제성을 극

8 Cynthia McGuire Dunn & Gary L. Chadwick, *Protecting Study Volunteers in Research*, CenterWatch, 3rd ed., 2004, 92면 참조.

9 Evan Derenzo 등 지음/최현일 등 옮김, 연구계획서 IRB 통과하기, 연세대학교 대학출판문화원, 2014, 373면 참조.

소화시키면서 연구대상자 모집과정이 진행되도록 세부 사항을 도와줄 수 있고 자유로운 선택권과 해당 연구계획서에 대한 이해를 극대화할 수 있는 동의 내용 및 절차 과정을 향상시킬 수 있다.[10]

또한, 집단시설에 수용되어 있는 정신지체 성인은 원칙적으로 「약사법」과 「의약품 등의 안전에 관한 규칙」에서 임상시험의 연구대상자로 선정하지 못하고 예외적으로 수용자를 연구대상자로 하는 것이 불가피한 경우로서 위 규칙에서 정하는 기준에 해당하는 경우에만 연구에 참여시킬 수 있다. 따라서 연구자는 ① 연구목적이 정신지체 성인의 특별한 건강상의 필요사항과 관련된 지식을 얻기 위한 것이고, ② 정신지체 성인의 능력의 범위 안에서 동의가 획득되고, ③ 동의능력이 없는 경우 해당 법률에 의거하여 책임 있는 가족 또는 법정대리인으로부터의 허락이 획득되고, ④ 정신지체 성인의 연구 참여에 대한 거부가 존중된 경우에는 정신지체 성인을 연구대상자로 하여 연구에 참여시킬 수 있다.

대리동의의 경우 대리인의 동의는 최소위험 연구인 동시에 연구대상자에게 직접적 이득이 예상되는 연구에 일반적으로 인정된다. 또한, 대리인의 결정은 해당 연구대상자가 판단능력이 있었을 때 가지고 있었을 관점을 반영하여야 하고 이를 알 수 없다면 대상자에게 최선의 이익이 될 것인지에 따라 결정이 이루어져야 한다. 그러나, 연구자는 충분한 정보에 의한 동의를 할 수 있는 사람들을 대상으로 한 연구에 정신지체 성인을 참여시켜서는 안 된다.

---

10 Elizabeth A. Bankert 외 엮음/이경훈 옮김, IRB란 무엇인가?, 지코사이언스, 2011, 640~641면 참조.

CIOMS 지침 16: 충분한 정보에 의한 동의를 할 능력이 없는 성인을 포함하는 연구

충분한 정보에 의한 동의를 할 능력이 없는 성인도, 충분한 과학적 이유가 그 배제를 정당화하지 않는 한, 건강관련 연구에 포함되어야 한다. 충분한 정보에 의한 동의를 할 능력이 없는 성인도 명백한 생리현상과 건강상 필요성을 가지므로, 연구자와 IRB에 의해 특별한 고려를 받을 만하다. 동시에 그들은 충분한 정보에 의한 동의를 제공할 수 있는 능력이 결여되어 있기 때문에 스스로 자신들의 이해관계를 보호할 수 없다.

충분한 정보에 의한 동의를 할 능력이 없는 성인을 대상자로 하는 연구를 수행하기 전에, 연구자와 IRB는 ① 법정대리인이 허락(permission)을 하고 이 허락은 대상자의 사전에 형성된 (만일 있다면) 선호와 가치를 고려한 것이라는 것을 보장해야 하고, ② 대상자의 승낙(assent)은, 정보를 이해하기 위해 대상자의 능력에 맞추어 그 연구에 관한 충분한 정보가 제공되고 난 후에, 대상자의 능력의 범위 내에서 획득되었다는 것을 보장해야 한다.

대상자가 그 연구참여 동안 충분한 정보에 의한 동의를 할 수 있는 능력을 갖게 되면, 연구에의 계속 참여에 대한 동의가 획득되어야 한다.

일반적으로, 예외적 상황에서 연구대상자가 충분한 정보에 의한 동의를 줄 수 없는 개인을 위해 최상으로 이용 가능한 의료적 옵션이 고려되지 않는다면, 잠재적 대상자의 연구에의 등록 거부는 존중되어야 한다.

충분한 정보에 의한 동의를 할 수 있는 능력을 가지고 있는 동안 연구대상자가 연구 참여를 위한 사전지시서(advance directives)가 있다면, 그 사전지시서는 존중되어야 한다.

충분한 정보에 의한 동의를 할 능력이 없는 성인에게 이득을 줄 수 있는 잠재력을 가진 연구 중재나 절차를 위해, 위험은 최소화되어야 하고 잠재적인 개별적 이득의 예측에 의해 중요시되어야 한다. 대상자를 위해 전혀 잠재적 개별적 이득을 가지고 있는 않은 연구 중재나 절차를 위해서는, ① 충분한 정보에 의한 동의를 줄 수 없는 사람의 참여 없이는 필요한 데이터가 획득될 수 없는 것이 아니라면, 이러한 중재와 절차가 충분한 정보에 의한 동의를 줄 수 있는 사람뿐만 아니라 줄 수 없는 사람에게 영향을 미치는 조건(상태)을 목표로 할 때에는 중재와 절차는 동의를 줄 수 있는 사람에게 먼저 연구되어야 하고, ② 위험은 최소화되어야 하고 최소위험 이상이 되어서는 안 된다는 조건이 적용된다.

그러한 연구 중재와 절차를 지닌 연구의 사회적 가치가 절실히 요구될 때에는, 그리고 이러한 연구가 충분한 정보에 의한 동의를 줄 수 있는 사람에 대해서 수행될 수 없을 때에는, IRB는 최소위험보다 약간 더 증가한 위험을 허용할 수 있다.

2. 취약한 환경에 있는 시험대상자(Vulnerable Subjects)

1) 취약한 환경에 있는 연구대상자에 대한 법령 규정

"취약한 환경에 있는 시험대상자"란 임상시험 참여와 관련한 이익에 대한 기대 또는 참여를 거부하는 경우 조직 위계상 상급자로부터 받게 될 불이익에 대한 우려가 자발적인 참여 결정에 영향을 줄 가능성이 있는 대상자(의과대학·한의과대학·약학대학·치과대학·간호대학의 학생, 의료기관·연구소의 근무자, 제약회사의 직원, 군인 등을 말한다), 불치병에 걸린 사람, 「의약품 등의 안전에 관한 규칙」 제27조에 따른 집단시설에 수용되어 있는 사람, 실업자, 빈곤자, 응급상황에 처한 환자, 소수인종, 부랑인, 노숙자, 난민, 미성년자 및 자유의사에 따른 동의를 할 수 없는 대상자를 말한다(「의약품 임상시험 관리기준」 2. 더). 또한, 「의약품 임상시험 관리기준」은 6. 가. 1)에서 IRB의 업무로 "취약한 환경에 있는 시험대상자의 임상시험 참여 이유가 타당한지 검토할 것"을 규정해 두고 있다.

「생명윤리 및 안전에 관한 법률」은 취약한 연구대상자에 대한 정의 규정을 마련해 두고 있지는 않지만, 법 제16조 제2항에서는 "동의능력이 없거나 불완전한 사람으로서 보건복지부령으로 정하는 연구대상자"를 취약한 환경에 있는 연구대상자로 규정해 두고 있다. 또한 법 제3조 제5항에서 "취약한 환경에 있는 개인이나 집단은 특별히 보호되어야 한다"고 규정하여 인간대상연구에 적용되어야 하는 동 법의 기본원칙 가운데 하나로 규정해 두고 있다. 이 기본원칙에 따라 법

제10조 제3항 제3호 다목에서 "취약한 연구대상자등의 보호대책 수립"을 IRB의 업무로 규정해 두고 있다. 또한 법 시행규칙 제9조 제2호 다목에서 "취약한 연구대상자등의 보호지침 마련"을 공용 IRB의 업무로 규정해 두고 있다. 그리고 법 시행규칙 제13조 제2항에서는 "연구대상자등에 대한 기존의 자료나 문서를 이용하는 연구"를 제외한 IRB의 심의를 면제할 수 있는 인간대상연구라 하더라도 취약한 환경에 있는 시험대상자를 대상으로 하는 연구는 IRB의 심의를 받도록 의무규정을 두고 있다.

이처럼, 「생명윤리 및 안전에 관한 법률」에서는 취약한 연구대상자의 정의도 규정되어 있지 않을 뿐만 아니라 용어의 사용도 "취약한 환경에 있는 개인이나 집단", "취약한 연구대상자등", "취약한 환경에 있는 시험대상자(Vulnerable Subjects)" 등으로 사용하고 있어 통일되어 있지 않다.

헬싱키선언 – 취약한 집단 및 개인

19. 일부 집단과 개인은 특별히 취약하여 부당한 취급을 받거나 추가적인 해를 입을 가능성이 높을 수 있다. 모든 취약한 집단과 개인은 특성에 맞게 배려된 보호를 받아야 한다.

20. 취약한 집단과 함께하는 의학연구는 오직 이 집단의 건강상의 요구나 우선순위에 부합하는 연구이고, 취약하지 않은 집단에서는 수행할 수 없는 연구일 때 정당화된다. 더불어, 이 집단은 해당 연구결과로 얻은 지식, 의료행위, 또는 중재의 혜택을 받을 수 있어야 한다.

CIOMS 지침 15: 취약한 개인과 집단을 포함하는 연구

연구자와 IRB는, 취약한 개인과 집단을 연구대상자로 모집할 것을 고려할 때에, 구체적인 보호조치가 연구 수행 시 개인과 집단의 권리와 복지를 지키기 위하여 적절히 존재해야 한다는 것을 보장해야 한다.

CIOMS 지침 18: 연구대상자로서의 여성

우수한 과학적 이유가 제외를 정당화하지 않는다면, 여성도 건강 관련 연구에 포함되어야 한다. 여성은 임신할 수 있는 잠재성으로 인해 건강 관련 연구에서 제외되어 왔다. 여성은 명백한 생리적·보건적 필요성을 가지고 있기 때문에 연구자와 IRB에 의해 특별한 고려를 받을 자격이 있다. 연구 참여를 위해서는 참여여성 자신의 충분한 정보에 의한 동의만이 요구되어야 한다. 몇몇 사회는 여성의 자율성 존중이 결여되어 있기 때문에, 어떠한 경우에도 다른 사람의 허락이 여성에 의한 개별적 충분한 정보에 의한 동의요건을 대체해서는 안 된다.

임신 가능한 여성에게는 연구 참여 도중에 임신하게 된다면 태아에게 가해질 수 있는 위험 가능성에 관한 충분한 정보가 미리 제공되어야 한다. 여성이 임신하게 되면 연구 참여가 태아나 여성에게 해가 될 수 있을 때에는, 의뢰자와 연구자는 연구가 시작되기 전과 진행 중에 임신 테스트, 효과적인 피임방법에 대한 접근을 보장해야 하고 안전하고 적법한 임신중절에 대한 접근을 보장해야 한다.

CIOMS 지침 19: 연구대상자로서의 임산부와 모유 수유 여성

임산부와 모유 수유 여성은 명백한 생리적·보건적 필요성을 가지고 있다. 임산부와 모유 수유 여성의 보건상 필요성과 관련된 지식을 획득하기 위해 설계된 연구는 촉진되어야 한다. 임산부 참여 연구는 최상의 이용가능한 관련 데이터를 신중하게 고려한 이후에만 시작되어야 한다.

어떠한 경우에도 다른 사람의 허락이 임산부나 모유 수유 여성에 의한 개별적 충분한 정보에 의한 동의요건을 대체할 수는 없다.

임산부, 모유 수유 여성, 태아 또는 유아에게 이득을 줄 수 있는 잠재성을 가지고 있는 연구 중재나 절차를 위해서, 위험은 최소화되어야 하고 잠재적인 개별적 이득에 대한 기대가 위험을 능가해야 한다.

임산부와 모유 수유 여성에게 어떠한 잠재적인 개별적 이득을 가지고 있지 않은 연구 중재나 절차에 대해서는, ① 위험은 최소화되어야 하고 최소위험 이상이 되어서는 안 되고, ② 연구목적이 임산부, 모유 수유 여성, 태아 또는 유아의 특별한 보건상 필요성과 관련된 지식을 획득하기 위한 것이어야 한다.

임산부, 모유 수유 여성, 태아 또는 유아를 위한 그러한 연구의 사회적 가치가 절실히 요구될 때에는, 그리고 이러한 연구가 비임산부나 비모유 수유 여성에 대해서는 수행될 수 없을 때에는, IRB는 최소위험보다 약간 더 증가한(a minor increase) 위험을 허용할 수 있다.

태아와 아동에 관한 단기 추적관찰과 장기 추적관찰이 연구의 중재와 잠재적 위험에 따라 임산부와 모유 수유 여성이 참여하는 연구에서 요구될 수 있다.

일반적 원칙으로, 연구에의 참여가 그러한 임신을 원치 않는 것으로 하는 경우에는, 태아에게 해를 미칠 수 있는 잠재성을 가진 임산부를 포함하는 건강 관련 연구는 안전하고, 적시의 그리고 적법한 임신중절에 대한 접근이 보장될 수 있는 곳에서만 수행되어야 한다.

2) 취약성의 유형 – 취약한 환경에 있는 연구대상자는 어떤 부분에서 취약한가?[11]

종래 취약한 환경에 있는 연구대상자는 아동, 수감자, 임산부, 정신지체 성인 등과 같이 범주화하여 집단으로 분류하는 방식을 취하였다. 이러한 방식에 더하여 취약성을 유형별로 분석하는 접근법이 제기되었다. 여기서는 양자를 결합시켜 취약한 환경에 있는 연구대상자의 유형을 제시하기로 한다. 이 분류에 따른 유형은 상호 배타적인 관계가 아니라 중첩 적용될 수 있다.

취약한 환경에 있는 연구대상자의 보호를 정상인에 비해 더 강화해야 하는 것은 취약성으로 인해 정상인보다 더 큰 위험을 야기시킬 수 있기 때문이다. 취약성의 유형에 따라 연구와 관련하여 취약한 환경에 있는 연구대상자에 미치는 영향이 달라진다. 물론 「의약품 임상시험 관리기준」에 나열되어 있지 않은 사람도 연구의 유형에 따라 취약한 환경에 있는 연구대상자로 될 수 있다.

11 취약성의 유형 구분에 관해서는, 최병인 역, 피험자 보호와 연구윤리 편–보수과정 Ⅰ, Ⅱ, 지코사이언스, 2010, 37~39면 참조.

(1) 인지적 취약성

인지적 취약성이란 법적으로 유효한 의사표시를 스스로 할 수 있는 능력이 없거나 불완전한 경우뿐만 아니라 인지능력에는 문제가 없지만 처해 있는 상황에 의해 자신의 의사를 마음대로 표시할 수 없는 경우, 그리고 스트레스를 줄 수 있는 응급상황 등 연구참여에의 결정을 자발적으로 할 수 있는 능력의 결여를 말한다. 「생명윤리 및 안전에 관한 법률」 제16조 제2항에서는 "동의능력이 없거나 불완전한 사람으로서 보건복지부령으로 정하는 연구대상자"를 인지적 취약성을 가진 취약한 환경에 있는 연구대상자로 규정해 두고 있다. 동법 시행규칙 제14조에서는 "아동복지법 제3조 제1호의 아동(=만 18세 미만의 아동)과 그 밖에 대리인의 서면동의가 필요하다고 보건복지부장관이 정하여 고시하는 사람"을 인지적 취약성이 있는 연구대상자로 규정해 두고 있다.

「의약품 임상시험 관리기준」상으로는, 의사소통에서 취약성을 가지는 소수인종과 난민 이외에 열거되어 있는 취약한 환경에 있는 시험대상자가 여기에 해당할 수 있다. 물론 「의약품 임상시험 관리기준」에 나열되어 있지 않은 사람도 연구의 유형에 따라 취약한 환경에 있는 연구대상자로 될 수 있다.

이러한 유형의 취약성으로 인해 일반적인 충분한 정보에 의한 동의획득 절차가 준수되지 않기 때문에 연구자가 연구대상자를 인간으로서 존중해야 하는 '인간존중원칙'이 소홀히 될 수 있는 위험을 증가시킬 수 있다.

(2) 의사소통에서의 취약성

의사소통에서의 취약성이란 연구자가 사용하는 언어와는 다른 언어로 읽고 말하는 연구대상자로 인지능력에는 문제가 없지만 효과적으로 의사표현을 할 수 없는 상황에 처해 있는 경우를 말한다.

「생명윤리 및 안전에 관한 법률」에는 해당 사항이 규정되어 있지 않고, 「의약품 임상시험 관리기준」상으로는 소수인종과 난민이 여기에 해당할 수 있다.

이러한 유형의 취약성으로 인해 일반적인 충분한 정보에 의한 동의획득 절차가 준수되지 않기 때문에 연구자가 연구대상자를 인간으로서 존중해야 하는 '인간존중원칙'이 소홀히 될 수 있는 위험을 증가시킬 수 있다.

(3) 소속 기관에 대한 취약성

소속 기관에 대한 취약성이란 법적으로 유효한 의사표시를 스스로 할 수 있는 동의능력을 갖고 있지만 그 동의 여부가 소속 기관에 좌우되는 경우를 말한다.

「생명윤리 및 안전에 관한 법률」에는 해당 사항이 규정되어 있지 않고, 「의약품 임상시험 관리기준」상으로는 임상시험 참여와 관련한 이익에 대한 기대 또는 참여를 거부하는 경우 조직 위계상 상급자로부터 받게 될 불이익에 대한 우려가 자발적인 참여 결정에 영향을 줄 가능성이 있는 대상자(의과대학 · 한의과대학 · 약학대학 · 치과대학 · 간호대학의 학생, 의료기관 · 연구소의 근무자, 제약회사의 직원, 군인 등을 말한다)가 대표적으로 여기에 해당할 수 있다.

이러한 유형의 취약성으로 인해 일반적인 충분한 정보에 의한 동의 획득 절차가 준수되지 않기 때문에 연구자가 연구대상자를 인간으로서 존중해야 하는 '인간존중원칙'이 소홀히 될 수 있는 위험을 증가시킬 수 있다. 또한 소속 기관에 계속하여 연구대상자가 복속된 상태로 남아있게 될 수 있는 위험과 연구자를 포함한 타인의 이득을 위해 연구대상자가 사용될 수 있는 위험도 내포하게 된다.

(4) 의학적 취약성

의학적 취약성이란 어떠한 만족스러운 표준치료법이 없는 심각한 건강상태에 있는 연구대상자가 연구참여에 따른 이득과 위험에 대한 심사숙고를 하기 어려운 경우를 말한다.

「생명윤리 및 안전에 관한 법률」에는 해당 사항이 규정되어 있지 않고, 「의약품 임상시험 관리기준」상으로는 불치병에 걸린 사람이 대표적으로 여기에 해당한다 할 수 있다.

이러한 유형의 취약성으로 인해 동의가 가능한 이득에 대한 잘못에 기초해서 이루어지거나 치료법을 발견할 수 있으리라는 희망이 동기가 될 위험을 증가시킬 수 있다. 그리고 연구대상자가 가능한 이득에 대해 부당한 기대를 하거나 연구자가 위험과 이득에 대해 오해를 불러일으키기 때문에 이러한 연구대상자가 악용될 위험이 증가될 수 있고 위험은 이득과 관련하여 합당하지 않을 수 있다.

(5) 경제적 취약성

경제적 취약성이란 사회적 지위, 수입, 주택 또는 의료 서비스 등의 분배에 있어서 연구대상자가 불리한 입장에 있는 경우를 말한다.

「생명윤리 및 안전에 관한 법률」에는 해당 사항이 규정되어 있지 않고, 「의약품 임상시험 관리기준」상으로는 실업자, 빈곤자, 부랑인, 노숙자, 난민 등이 대표적으로 여기에 해당한다 할 수 있다.

이러한 유형의 취약성으로 인해 연구참여로부터 가능한 이득이 자발적인 선택의 본질을 위협할 수 있기 때문에 연구참여에 대한 부당한 유도를 야기할 위험을 증가시킨다. 또한, 연구 이득의 분배에 있어서 연구대상자에게 불리하게 악용될 수 있는 위험을 증가시킬 수 있다.

(6) 사회적 취약성

사회적 취약성이란 사회적 위치가 낮은 집단에 속한 연구대상자를 말한다. 사회적 취약성은 경제적 취약성뿐만 아니라 차별을 이끌어 낼 수 있는 고정관념을 포함하여 특정 집단에 대한 사회적 인식에 의해 발생한다.

「생명윤리 및 안전에 관한 법률」에는 해당 사항이 규정되어 있지 않고, 「의약품 임상시험 관리기준」상으로는 실업자, 빈곤자, 부랑인, 노숙자, 난민 등이 대표적으로 여기에 해당한다 할 수 있다.

이러한 유형의 취약성으로 인해 연구에 참여하는 특정 집단에 대한 차별의 위험이 발생할 수 있다.

3) IRB의 심의 시 고려사항

취약한 환경에 있는 연구대상자는 일반 연구대상자에 비해 자율성의 부족으로 인해 스스로 연구참여에의 결정에 문제가 있다. 또한, 취약한 환경에 있는 연구대상자는 신체적 통제(예: 집단시설 수용자의 연구참여), 강압(예: 요양원 환자들에게 연구 참여와 요양소 퇴소 사이에서 선택하도록 강요), 부당한 영향(예: 연구 참여가 실제로 대상자에게 최선의 선택이 아님을 연구자가 알면서도 연구 참여에 대해 확신에 찬 반응을 보임으로써 대상자에게 영향을 미치는 것), 정보조작(예: 속임수, 과장, 정보제공의 보류) 등에 의해 권리를 침해당할 수 있다.

따라서, 취약한 환경에 있는 연구대상자의 유형에 따라 IRB의 조치는 차이가 있겠지만, 다음 사항들은 IRB 심의 시 공통적으로 적용될 수 있을 것이다. 첫째, 연구 참여의 부담과 혜택이 불평등하게 제공될 수도 있기 때문에 취약한 환경에 있는 연구대상자의 연구에 대해 특별한 고려를 해야 한다. 예컨대, ① 증인의 이용, ② 조언자 요구하기, ③ 특정 단계별 동의를 새로 받기, ④ 연구주제 범위를 제한하기 등 추가적 보호장치가 제공되어야 하고, IRB는 그 존재 여부를 심의 시 검토해야 한다. 둘째, 취약한 환경에 있는 연구대상자에 해당하는가? 연구자의 연구배경 의도는 무엇인가? 연구대상자가 취약성에 노출되는 원인이 무엇인가? 등 취약한 환경에 있는 연구대상자가 연구에 참여하는 경우에는 그 이유의 타당성을 검토해야 한다. 이를 바탕으로 IRB는 연구계획서 변경(선정 · 제외 기준, 연구기간 단축, 추적-관찰기간 연장 등), 연구대상자 모집방법, IRB 승인기간, IRB 보고주기, 모니터링 주기 등 연구수행과 관련된 요소들을 적절하게 심의해야 한다. 또한, 취약성은 다양한 변수들로 인해 해당 집단 내에서도 동일하게 적용되지 않는다. 즉, 취약한 환경에 있는 연구대상자 집단에서도 각 개인마다 취약성의 정도는 다를 수 있는 것이다. 이것은 각 개인의 자발성에 영향을 미치는 지적 능력이나 조건의 변화에 따라 취약성의 정도가 다르게 되기 때문이다. 이러한 변수는 연구 중에도 변화될 수 있기 때문에, IRB는 연구 시작 전뿐만 아니라 진행 중에도 지속적으로 연구대상자의 동의능력을 평가해야 하는 연구자의 책임이행 여부를 검토해야 한다. 그리고 IRB는 연구자가 연구대상자의 실제적 취약성을 참작했는지 여부와 연구 수행 및 동의 과정에서 적절하게 행동했는지 여부를 검토해야 한다.

3. 이해상충(Conflict of Interest)[12]

이해상충은 전문직 종사자에게 있어서 자신이 준수해야 하는 전문직으로서의 의무와 다른 경제적·사회적 이해가 충돌하는 것 또는 1차적 이해(연구대상자의 권리 및 안전과 복지 보장, 연구의 타당성 및 완결성 등)에 대한 연구자의 판단이 2차적 이해(경제적 이득, 명예 등)에 의해 부당하게 영향을 받는 상황을 말한다.

이해상충의 유형은 ① 의뢰자와 연구자 간의 이해상충(과학적 건전성 유지), ② 연구자와 연구대상자 간의 이해상충(연구자의 연구대상자에 대한 신탁의무 준수), ③ IRB 위원의 이해상충(심의의 공정성 확보)으로 구분해 볼 수 있다.

특히, IRB 위원들은 연구대상자의 이익에 주안점을 두는 자신들의 능력에 간섭하는 수많은 이해상충에 직면할 수도 있으며, 특히,

---

12 이해상충의 개념 및 상세한 내용은, 권복규/박은정, 줄기세포연구자를 위한 생명윤리, 세창출판사, 2007, 20~23면 참조; Elizabeth A. Bankert/Robert J. Amdur 엮음, 이경훈 옮김, IRB란 무엇인가? 지코사이언스 2011, 283~311면 참조; Cynthia McGuire Dunn & Gary L. Chadwick, *Protecting Study Volunteers in Research*, CenterWatch, 3rd ed., 2004, 81~86면 참조.

① IRB 위원들의 개인적 입장으로부터 발생하는 이해상충과 ② 기관 내에서의 IRB의 지위로부터 발생하는 이해상충이 있을 수 있다.

①과 관련하여서는, IRB 결정이 위원 자신의 업무에 직·간접적으로 영향을 미칠 수 있기 때문에 위원 자신의 연구로부터 발생하는 이해상충, 불승인 결정이 연구 지원금의 오버헤드를 봉급원으로 하는 위원들의 경우 인사(승진 및 정년보장) 및 재정에 미칠 영향에 따른 이해상충, 동료인 연구자들과의 인간관계에 따른 이해상충 등을 들 수 있겠다.

②와 관련하여서는, IRB 위원들이 소속 기관에 대해 가지는 충성심에 의한 이해상충, 소속 기관에서 연구를 촉진하길 원하는 데 따른 이해상충, 증가하고 있는 상업적 스폰서십에 따른 IRB 심사의 완전성 훼손에 의한 이해상충 등을 들 수 있겠다.[13]

이러한 이해상충에 대해서는 적절한 규제가 필요하고, 이해상충의 공개와 공개 이후의 처리로 구분하여 규제를 생각해 볼 수 있겠다. 공개와 관련하여 연구자는 ① 모든 가능한 이해상충을 연구결과 보고서, 논문, 연구계획서 등에 공개, ② 정부, 해당 기관, IRB에 대한 공개, ③ 연구대상자에 대한 공개(예: 설명문에서 "본 연구자·연구기관은 위의 연구를 수행하는 데 드는 비용을 보상받고 있습니다"라고 기술)를 해야 한다.

공개 이후의 처리와 관련하여 ① 가급적 이해상충으로 영향을 받을 수 있는 연구에의 참여 금지, ② 연구자의 자료 접근, 독립적인

---

13 박수헌, 임상시험심사위원회 및 그 위원들의 책임에 관한 미국 판례법 및 소송제기원인의 고찰, 공법학연구 제8권 제3호, 2007. 8, 525~526면 참조.

자료 분석, 논문원고의 준비 및 출판에 대해 부적절한 간섭을 규정하고 있는 계약체결 금지, ③ 재정상 이익 및 기타 이익 유형의 구체화 명령, ④ 의뢰자에게 재정상 이익이 없다는 증명서나 공개서의 의무적 제출, ⑤ 이해상충 관련 일정 시간의 교육이수 명령, ⑥ IRB 위원의 제척·기피·회피 제도 도입, ⑦ 기관장의 IRB 위원장 겸직 금지, 산학협력단장의 IRB 위원 불가, IRB를 기관장 직속으로 설치하고 산학협력단 등 연구사업 추진부서 내 설치 금지, ⑧ 원 스트라이크 아웃 제도(zero tolerance policy) 도입[설득력 있는 상황(예: 이해상충이 있는 연구자가 연구를 수행할 수 있는 유일한 사람이다)을 제외하곤, 경제적 이해가 있는 연구에 연구자가 관여하지 못하도록 하는 것], ⑨ 식약처장에게 증명서나 공개서가 제출되지 않을 경우 품목허가 신청 등록을 거부할 수 있는 권한 부여 등을 그 내용으로 들 수 있겠다.

「생명윤리 및 안전에 관한 법률」 제11조 제3항

IRB의 심의대상인 연구·개발 또는 이용에 관여하는 위원은 해당 연구·개발 또는 이용과 관련된 심의에 참여하여서는 아니된다.

「의약품 임상시험 관리기준」 6. 나. 2), 6), 7)

시험자 및 의뢰자와 이해관계가 있는 위원은 해당 임상시험에 대한 결정과정에 참여하거나 의견을 제시할 수 없다. IRB의 심의에 참여한 위원만이 임상시험에 대한 결정과정에 참여하거나 의견을 제시할 수 있다. 시험책임자는 해당 임상시험의 모든 사항에 대하여 IRB에 정보를 제공할 수는 있으나, IRB의 위원에게 영향을 미치거나 해당 임상시험과 관련한 사항의 결정과정에 참여해서는 아니된다.

헬싱키선언 - 과학적 요건 및 연구계획서

22. 인간을 대상으로 하는 각각의 연구에 대한 설계와 수행은 계획서에 명확하게 기술하고 그 정당성을 확보하여야 한다. 연구계획서는 관련된 윤리적 고려사항을 명시하여야 하며, 본 선언의 원칙이 어떻게 반영되었는지 기술하여야 한다. 연구계획서는 재원, 의뢰자, 소속 기관, 잠재적 이해상충, 연구대상자 보상 및 이 연구에 참여한 결과로 인해 해를 입었을 경우 연구대상자에 대한 치료 그리고/또는 배상규정에 관한 정보를 포함하고 있어야 한다. 임상시험의 경우 임상시험 종료 후 적절한 사후관리에 관한 적절한 계획도 기술하여야 한다.

CIOMS 지침 25: 이해상충

건강 관련 연구의 1차 목표는, 윤리적으로 적절한 방법으로 사람들의 건강을 촉진하기 위해 필요한 지식을 산출하는 것이다. 그러나 연구자, 연구기관, 의뢰자, IRB, 정책입안자는 연구의 윤리적 수행과 상충할 수 있는 다른 이해(예: 과학적 인정 또는 재정적 이득)를 가지고 있다. 건강 관련 연구의 1차 목적과 2차 이해 간의 그러한 상충은 이해상충으로 정의된다.

이해상충은 연구 질문과 방법, 참여자의 모집과 유지, 데이터의 해석과 공표, 그리고 연구의 윤리적 심의에 영향을 미칠 수 있다. 그러므로 그러한 이해상충을 확인하고, 완화하고, 제거하고 또는 달리 관리할 수 있는 정책과 절차를 개발하고 집행하는 것이 필요하다.

연구기관, 연구자, IRB는 다음 단계를 취해야 한다:

① 연구기관은 이해상충을 완화하기 위한 정책과 절차를 개발하고 집행해야 하며 그러한 상충에 관해 직원들을 교육해야 한다.

② 연구자는 IRB에 제출된 자료들은 그 연구에 영향을 미칠 수 있는 이해의 공개를 포함한다는 것을 보장해야 한다.

③ IRB는 각 연구를 공개된 이해에 비추어 평가해야 하고 완화하기에 적절한 수단이 이해상충의 경우에 취해져야 한다는 것을 보장해야 한다.

④ IRB는 위원들에게 IRB에 자신들의 이해를 알리도록 요구하여야 하고 이해상충의 경우에 완화하는 적절한 수단을 취해야 한다 (지침 23－IRB의 설치요건과 연구계획서 심의요건).

4. 사생활 보호와 비밀보장(Privacy and Confidentiality)

전통적 방법인 문서로 된 건강정보는 병원의 캐비닛에 넣어 두고 잠그면 접근이 어려워 프라이버시 보호가 가능했지만 컴퓨터화된 건강정보는 그 접근이 쉬워지고 부적절하게 배포될 수 있는 위험성이 증가함에 따라 프라이버시 보호에 어려움을 겪게 되었다. 정보사회가 되면서 정보를 사고팔게 되고 정보 자체가 비즈니스가 되었다. 그 결과 의료에 있어서 프라이버시 보호라는 이상과 실제 정보취급 간의 간격이 발생하게 되었다. 프라이버시(Privacy)는 사생활의 비밀과 자유를 말하며 사생활의 평온을 침해받지 아니하고 사생활의 비밀을 함부로 공개당하지 아니할 권리인 동시에 자신에 관한 정보를 관리·통제할 수 있는 권리로 이해된다.

참고로, 미국은 병원이나 의사가 환자의 의료정보를 제3자에게 제공하기 전에 환자로부터 충분한 정보에 의한 동의를 받도록 하고 있다[HIPAA Privacy Rule(45 CFR §§ 164.500-164.534)].[14] 그리고 2008년 유전정보에 따른 차별금지법을 제정하여 고용주로 하여금 유전정보에 근거하여 피용자를 차별하지 못하도록 하고 있다. 이에 따라 의료보험회사로 하여금 유전자검사를 못하도록 하고 유전정보에 근거하여 피보험자를 차별하지 못하도록 하고 있다.

사생활이란 개인적 삶에 대한 침해로부터 자유로운 상태(right to be let alone)를 의미한다. 인간대상연구에서 사생활 보호란, 연구대상자가 자신의 정보를 연구자와 공유할 것인지 여부를 결정하는 연구대상자의 권리를 말한다. 예컨대, 설문연구에 참여하는 대상자는 자신의 사생활 침해를 이유로 특정 질문에 대한 대답을 거절할 수 있다.

비밀보장이란 의사와 환자 간의 신뢰관계로부터 발생하였고(fiduciary duty－환자의 정보를 비밀로 유지하도록 의사에게 의무를 부과하는 것), 연구대상자로부터 수집한 개인정보를 연구대상자의 동의없이 타인에게 누설하지 않을 연구자의 의무를 말한다. 인간대상연구에서 사생활 보호와 비밀보장은 연구대상자의 개인정보와 관련되고, 연구대상자의 사생활은 식별가능한 개인정보를 누설하지 않고 비밀로 보장함으로써 보호될 수 있다.

헌법 제17조는 “모든 국민은 사생활의 비밀과 자유를 침해받지

---

14 HIPAA Privacy Rule에 관한 상세한 내용은, 박수헌, 연구에 있어서 피험자의 건강정보보호를 위한 HIPAA Privacy Rule의 적용, 법제연구 통권 제42호, 2012. 6, 113~144면 참조.

아니한다"고 규정하고, '사생활의 비밀'은 사생활과 관련된 사사로운 자신만의 영역이 본인의 의사에 반해서 타인에게 알려지지 않도록 할 수 있는 권리로서 국가가 사생활영역을 들여다보는 것에 대한 보호를 제공하는 기본권이고, '사생활의 자유'란 사회공동체의 일반적인 생활규범의 범위 내에서 사생활을 자유롭게 형성해 나가고 그 설계 및 내용에 대해서 외부로부터의 간섭을 받지 아니할 권리로서 국가가 사생활의 자유로운 형성을 방해하거나 금지하는 것에 대한 보호를 의미한다(헌재 2010. 10. 28. 2009헌마544).

[대법원 1998. 7. 24. 선고 96다42789 판결 - 국군보안사령부의 민간인 사찰행위]

헌법 제10조는 "모든 국민은 인간으로서의 존엄과 가치를 가지며, 행복을 추구할 권리를 가진다. 국가는 개인이 가지는 불가침의 기본적 인권을 확인하고 이를 보장할 의무를 진다."고 규정하고, 헌법 제17조는 "모든 국민은 사생활의 비밀과 자유를 침해받지 아니한다."라고 규정하고 있는바, 이들 헌법 규정은 개인의 사생활 활동이 타인으로부터 침해되거나 사생활이 함부로 공개되지 아니할 소극적인 권리는 물론, 오늘날 고도로 정보화된 현대사회에서 자신에 대한 정보를 자율적으로 통제할 수 있는 적극적인 권리까지도 보장하려는 데에 그 취지가 있다. 동향파악 대상자의 성명, 생년월일, 카드번호, 본적, 직책, 비고란 등이 기재된 색인카드와 인적사항, 가족사항, 학력 및 경력, 자격면허, 해외여행, 정당 및 사회활동, 교우 및 배후인물, 개인특성, 주요 동향 등이 기재되어 있는 개인카드가 입력되어 있는 컴퓨터디스켓 및 개인카드, 동향보고, 언론기사, 사진, 용모, 가옥 형태, 주변 상황, 동거인 현황, 직장 위치, 출퇴근 수단, 보유 차량 등이 기재되어 있는 개인신상자료철 등 사찰관계 자료가 위 정보에 해당한다.

[그리즈월드 사건 - Griswold v. Connecticut [381 U.S. 479 (1965)]

"피임기구를 사용하는 사람은 50달러 이하 또는 60일 이상 1년 이하의 징역, 또는 양자의 병과에 처한다. 피임기구를 사용하도록 도와주는 사람도 마찬가지이다"[코네티컷주 일반법(General Statutes of Connecticut)]. 결혼생활은 프라이버시 영역에 속한다. 프라이버시 영역(zone of privacy)는 헌법상 보장된 기본권들에 의해 창설된 것이고 이 사건은 프라이버시 영역 내에 위치한다. 자신에 관한 정보를 공유하지 않으려는 개인의 권리(시험대상자의 권리) 즉 프라이버시는 그 자체가 개인 보호의 한 형태이다. 그래서 개인의 프라이버시 침해는 그 자체로 해가 될 뿐만 아니라 이러한 보호장치의 상실을 야기하는 원인이 되기도 한다. 공중에의 노출, 개인의 통제의 인식된 상실, 안전하지 않다는 생각 등의 위험이 있다. 프라이버시 침해(내 이름을 어떻게 알아냈지?)는 모든 단계에 대한 신뢰를 침식시키고 연구와 연구자에 대해서 시험대상자와 공중의 가장 염려스러운 대답을 야기하는 원인이 된다. 연구자는 의도치 않은 누설이나 그 밖의 공개를 피하기 위해 데이터 비밀보장을 최대화하도록 연구를 설계해야 한다. 연구자는 식별자를 제거하거나 익명화된 데이터를 사용함으로써 프라이버시 침해를 회피할 수 있다.

「생명윤리 및 안전에 관한 법률」은 연구대상자의 사생활 보호와 비밀보장에 대한 정의 규정을 직접적으로 마련해 두고 있지는 않지만, 제2조에서 개인정보·개인식별정보·유전정보 등 사생활 보호와 비밀보장의 대상이 되는 개인정보 등에 대해 규정해 두고 있다. 개인정보란 개인식별정보, 유전정보 또는 건강에 관한 정보 등 개인에 관한 정보를 말한다. 개인식별정보란 연구대상자와 배아·난자·정자 또는 인체유래물의 기증자의 성명·주민등록번호 등 개인을 식별할 수 있는 정보를 말한다. 유전정보란 인체유래물을 분석하여 얻은 개인의 유전적 특징에 관한 정보를 말한다.

또한, 제2조 제19호에는 '익명화'란 용어를 사용하여 개인식별정보의 전부 또는 일부를 해당 기관의 고유식별기호로 대체하는 것과 개인식별정보를 영구적으로 삭제하는 것 모두를 포함하고 있다. 제18조 제2항에서 "인간대상연구자가 개인정보를 제3자에게 제공하는 경우에는 익명화하여야 한다", 제38조 제2항에서 "인체유래물연구자가 인체유래물등을 다른 연구자에게 제공하는 경우에는 익명화하여야 한다"고 규정하고 있다. 이처럼, 이 법에서는 익명화의 종류에 대해서는 언급이 없고 포괄적으로 '익명화'란 용어를 사용하고 있다.

「의약품 임상시험 관리기준」 2. 누.에서 "비밀보장(Confidentiality)이란 자료의 직접열람이 허용된 자를 제외하고는 대상자의 신원 또는 의뢰자의 지적 재산 등에 관한 정보가 알려지지 않도록 하는 것을 말한다"고 하여 임상시험에서의 비밀보장을 규정하고 있고, 제3호(임상시험의 기본원칙) 카.에서 "대상자의 신상에 관한 모든 기록은 비밀이 보장되도록 관계 법령에 따라 취급하여야 한다"고 하여 연구대상자의 비밀보장을 임상시험의 기본원칙으로 규정하고 있다.

「개인정보 보호법」은 제3조 제7항에서 “개인정보처리자는 개인정보의 익명처리가 가능한 경우에는 익명에 의하여 처리될 수 있도록 하여야 한다”고 규정하고 있다. 구체적으로 주민등록번호에 대해서는 제24조의2 제3항에서 “개인정보처리자는 제24조 제3항에도 불구하고 주민등록번호가 분실·도난·유출·위조·변조 또는 훼손되지 아니하도록 암호화 조치를 통하여 안전하게 보관하여야 한다”고 하여 ‘암호화 조치’라는 용어를 사용하고 있다. 고유식별정보에 대해서는 제24조 제3항에서 “개인정보처리자가 제1항 각호에 따라 고유식별정보를 처리하는 경우에는 그 고유식별정보가 분실·도난·유출·위조·변조 또는 훼손되지 아니하도록 대통령령으로 정하는 바에 따라 암호화 등 안전성 확보에 필요한 조치를 하여야 한다”고 하여 ‘암호화 등 안전성 확보에 필요한 조치’라는 용어를 사용하고 있다.

헬싱키선언 – 사생활 보호와 비밀유지

24. 연구대상자의 사생활을 보호하고 개인정보의 비밀유지를 위해 모든 주의를 기울여야 한다.

VI.

IRB와 임상시험

학습목표

- 임상시험 관련자들의 역할과 책임의 이해와 법령 및 국제윤리기준의 규정 이해
- 임상시험의 위험성 및 유용성의 이해와 법령 및 국제윤리기준의 규정 이해
- 임상시험의 주요 특징의 이해와 법령 및 국제윤리기준의 규정 이해

1. 임상시험 개관

임상시험에 관한 규제는 「약사법」·「의약품 등의 안전에 관한 규칙」(총리령)·「의약품 임상시험 관리기준」(총리령 별표 4)에 의해 행해진다. 임상시험과 관련하여서는 임상시험 책임자, 임상시험을 하려는 자(=임상시험 의뢰자), 임상시험 실시기관, 식품의약품안전처장 등에 관한 내용이 중심을 이룬다.

한국임상시험산업본부의 보고에 따르면, 2016년에 우리나라에서 승인된 628건의 임상시험 중 다국가 임상시험은 267건, 국내임상시험은 361건으로 보고되었다. 우리나라에서 수행되는 임상시험연구의 수는 짧은 기간 동안 큰 폭으로 증가한 이후, 현재 그 수가 유지 혹은 다소 감소하는 추세이나 다국적 제약사 등의 의뢰자가 임상시험수탁기관(CRO)에 위탁한 임상시험 승인건수는 지속적으로 증가하고 있다. 특히 주목할 사실은, 다국가 임상시험 중 1상 연구가 2016년 57건으로 2012년 37건에 비해 증가하고 있어 국내 임상시험 진행을 위한 인력적·시설적 수준이 국제적으로 인정받고 있기 때문으로 사료되며, 우리나라에서 진행되는 임상시험이 내용면에 있어서나 빈도면에 있어서 세계적인 임상시험 영역에서 중요한 위치에 있음을 시사하고 있다.

[임상시험수탁기관(Contract Research Organization, CRO)]

임상시험수탁기관이란 임상시험과 관련된 의뢰자(sponsor, 임상시험의 계획·관리·재정 등에 관련된 책임을 갖고 있는 개인, 회사, 실시기관 및 단체)의 임무나 역할의 일부 또는 전부를 대행하기 위하여 의뢰자로부터 계약에 의해 위임받은 개인이나 기관을 말함(「의약품 임상시험 관리기준」 2. 조). 임상시험수탁기관은 위탁받은 임상시험에 대한 품질보증과 임상시험자료에 대한 품질관리를 하여야 하고, 의뢰자의 의무 및 업무에 관하여 이 기준에서 정한 바에 따라 위탁받은 업무를 수행해야 함.

1) 임상시험 책임자의 역할과 책임

임상시험 책임자란 시험기관에서 임상시험의 수행에 대한 책임을 갖고 있는 사람을 말하며, ① 임상시험이 적절하게 설계되어 과학적으로 건전하고 타당한 결론을 도출할 수 있도록 해야 하고, ② 임상시험 수행을 위해 적절한 자격을 갖추어야 하고, ③ IRB에 의해 승인된 임상시험계획서대로 임상시험을 수행해야 하고, ④ 시험대상자의 존엄성과 권리를 존중해야 하고, ⑤ 임상시험의 내용 및 임상시험 중 시험대상자에게 발생할 수 있는 건강상의 피해에 대한 보상 내용 및 절차 등을 임상시험 전에 시험대상자에게 설명하고 「의약품 임상시험 관리기준」에 따라 동의서를 받아야 한다(「의약품 등의 안전에 관한 규칙」 제30조 제1항 제4호). 결국, 임상시험 책임자는 시험대상자의 안전과 복지는 궁극적으로 자신에게 달려 있다는 사실을 인식하고 연구를 수행해야 한다.

2) 임상시험을 하려는 자(=임상시험 의뢰자)의 준수사항(약사법 제34조)

(1) 임상시험을 하려는 자는 아래 사항들을 준수해야 하고 이를 위반할 경우에는 3년 이하의 징역 또는 3천만원 이하의 벌금이 부과된다(병과 가능, 제94조).

① 임상시험을 하려는 자는 먼저 계획서를 작성하여 식약처장의 승인을 받아야 하며, 승인받은 사항을 변경하려는 경우에도 총리령으로 정하는 바에 따라 변경승인을 받아야 한다. 다만, 임상시험 계획서 중 총리령으로 정하는 사항을 변경하려는 경우에는 식약처장에게 보고하여야 한다.

② 총리령으로 정하는 적합한 제조시설에서 제조되거나 제조되어 수입된 의약품등을 사용하는 등 임상시험의 실시기준을 준수해야 한다.

③ 제34조의2 제1항에 따라 지정된 임상시험실시기관 또는 임상시험검체분석기관에서 임상시험을 실시해야 한다. 다만, 임상시험의 특성상 임상시험실시기관 또는 임상시험검체분석기관이 아닌 의료기관의 참여가 필요하다고 인정되는 총리령으로 정하는 임상시험은 그러하지 아니하다.

④ 임상시험을 실시하기 위한 대상자의 모집 공고 시 임상시험의 명칭, 목적, 방법, 대상자 자격과 선정기준, 의뢰자와 책임자의 성명(법인명)·주소·연락처 및 예측 가능한 부작용에 관한 사항을 알려야 한다.

⑤ 임상시험(생물학적 동등성시험은 제외한다)을 위하여 제조되거

나 제조되어 수입된 의약품등은 임상시험이 아닌 다른 용도에 사용하여서는 아니된다.

(2) 임상시험을 하려는 자는 아래 사항들을 준수해야 하고 이를 위반할 경우에는 1년 이하의 징역 또는 1천만원 이하의 벌금이 부과된다(병과 가능, 제95조 제1항).

① 임상시험용 의약품 등의 안전성 정보를 총리령으로 정하는 바에 따라 평가 · 기록 · 보존 · 보고해야 한다.

② 임상시험 대상자에게 발생할 수 있는 건강상의 피해를 배상 또는 보상하기 위하여 보험에 가입하고, 피해 발생으로 보상하는 경우에는 제34조의2 제3항 제2호에 따라 임상시험 대상자에게 사전에 설명한 보상절차 등을 준수해야 한다.

(3) 임상시험을 하려는 자는 임상시험 계획서에 따라 임상시험에 참여하는 임상시험실시기관의 임상시험 수행 책임자, 임상시험을 감독 · 확인 · 검토하는 모니터요원, 임상시험실시기관에서 임상시험 수행 책임자의 위임 및 감독에 따라 임상시험 업무를 담당하는 사람, 임상시험에 참여하는 임상시험 대상자의 권리 보호 및 안전에 관한 업무를 수행하는 사람으로서 총리령으로 정하는 사람에 대하여 전문성 향상 및 임상시험 대상자의 보호를 위하여 필요한 교육을 받도록 하여야 한다(제34조의4 제1항).

3) 임상시험실시기관의 준수사항(약사법 제34조의2)

임상시험실시기관은 아래 사항들을 준수해야 한다.

① 사회복지시설 등 총리령으로 정하는 집단시설에 수용 중인

자를 임상시험의 대상자로 선정하지 아니할 것. 다만, 임상시험의 특성상 수용자를 그 대상으로 하는 것이 불가피한 경우로서 총리령으로 정하는 기준에 해당하는 경우에는 수용자를 임상시험의 대상자로 선정할 수 있다.

② 임상시험의 내용, 임상시험으로 인하여 그 대상자에게 발생할 가능성이 예상되는 건강상의 피해 정도와 보상내용 및 보상신청절차 등을 임상시험의 대상자에게 사전에 설명하고 서면 동의(「전자서명법」에 따른 전자서명이 기재된 전자문서를 포함)를 받을 것.

③ 건강한 사람을 대상으로 임상시험을 실시하는 경우에는 임상시험일 전 6개월 이내에 임상시험에 참여하지 아니한 사람을 총리령으로 정하는 바에 따라 임상시험 대상자로 선정할 것.

④ 임상시험 대상자의 이해능력 · 의사표현능력의 결여 등의 사유로 동의를 받을 수 없는 경우에는 다음 각 목에서 정한 대리인의 서면 동의를 받을 것. 이 경우 대리인의 동의는 임상시험 대상자의 의사에 어긋나서는 아니된다.

가. 법정대리인

나. 법정대리인이 없는 경우 배우자, 직계존속, 직계비속의 순으로 하되, 직계존속 또는 직계비속이 여러 사람일 경우 협의하여 정하고, 협의가 되지 아니하면 연장자가 대리인이 된다.

⑤ 임상시험을 실시하였을 때에는 임상시험성적서 또는 임상시험검체분석성적서를 작성 · 발급하고 그 임상시험의 대상자 정보(「개인정보 보호법」 제24조에 따른 고유식별정보 포함)에 관한 기록, 임상시험에서 발생한 이상반응에 관한 기록, 임상시험에 사용된 의약품의

관리에 관한 기록 및 임상시험에 관한 계약서(이하 "임상시험에 관한 기록"이라 한다)를 작성·보관·보고하는 등 총리령으로 정하는 사항을 지킬 것. 임상시험에 관한 기록을 작성·보관·보고하지 아니하거나 거짓으로 작성·보관·보고한 자는 1년 이하의 징역 또는 1,000만원 이하의 벌금이 부과된다(병과 가능, 제95조 제1항 제6의4호).

⑥ 임상시험실시기관은 임상시험 대상자의 선정·관리 등에 관한 업무를 수행하기 위하여 당사자의 동의를 받아 「개인정보 보호법」 제23조에 따른 건강에 관한 정보와 같은 법 제24조에 따른 고유식별정보가 포함된 자료를 처리할 수 있다. 이 경우 식품의약품안전처장 및 임상시험실시기관은 「개인정보 보호법」에 따라 해당 정보를 보호하여야 한다(제4항).

⑦ 임상시험실시기관의 장은 임상시험 계획서에 따라 임상시험에 참여하는 임상시험실시기관의 임상시험 수행 책임자, 임상시험을 감독·확인·검토하는 모니터요원, 임상시험실시기관에서 임상시험 수행 책임자의 위임 및 감독에 따라 임상시험 업무를 담당하는 사람, 임상시험에 참여하는 임상시험 대상자의 권리 보호 및 안전에 관한 업무를 수행하는 사람으로서 총리령으로 정하는 사람에 대하여 전문성 향상 및 임상시험 대상자의 보호를 위하여 필요한 교육을 받도록 하여야 한다(제34조의4 제1항).

4) 식품의약품안전처장의 권한 및 의무

식품의약품안전처장은 임상시험에 대해 다음과 같은 권한 및 의무를 가진다.

① 임상시험계획에 대한 승인권과 계획변경에 대한 승인권을 가진다(제34조 제1항).

② 안전성·유효성에 문제가 있는 성분을 포함한 제제, 혈액 제제, 유전자 치료제, 세포 치료제 등에 대한 임상시험이 공익상 또는 보건위생상 위해를 끼치거나 끼칠 우려가 있는 경우 승인을 받으려는 임상시험 등을 제한할 수 있다(제34조 제5항).

③ 승인을 받은 임상시험이 그 승인을 받은 사항에 위반되거나 임상시험에 대하여 중대한 안전성·윤리성 문제가 제기되는 경우에는 임상시험을 중지하거나 임상시험의 용도로 의약품등을 사용하는 것을 금지하거나 해당 의약품등을 회수·폐기하는 등 필요한 조치명령을 내릴 수 있다(제34조 제6항).

④ 임상시험 실시기관의 장과 임상시험을 하려는 자에게 그가 고용하고 있는 임상시험 종사자가 임상시험 교육을 받도록 명령할 수 있고(제34조의4 제2항), 임상시험 관련 전문 단체 또는 기관 등을 임상시험 교육을 할 기관으로 지정할 수 있고 그 지정 내용을 고시해야 하고(제3항), 임상시험 교육실시기관이 임상시험 교육에 관한 기록을 작성·보관하도록 해야 하고(제4항), 교육의 내용·시간·방법 및 교육비 등 임상시험 교육에 필요한 사항과 임상시험 교육실시기관의 지정 요건 및 절차, 운영, 지정취소 등에 관하여 필요한 사항은 총리령으로 규정한다(제5항).

⑤ 식품의약품안전처장은 임상시험 대상자의 선정·관리 등에 관한 업무를 수행하기 위하여 당사자의 동의를 받아 「개인정보 보호법」 제23조에 따른 건강에 관한 정보와 같은 법 제24조에 따른 고유식별

정보가 포함된 자료를 처리할 수 있다. 이 경우 식품의약품안전처장 및 임상시험실시기관은 「개인정보 보호법」에 따라 해당 정보를 보호하여야 한다(제34조의2 제4항).

5) 임상시험용 의약품의 임상시험 이외의 사용(약사법 제34조 제4항)

임상시험용 의약품은 아래 3가지 경우에 식약처장의 승인을 받아 임상시험 이외의 목적으로 사용될 수 있다.

① 동정적 사용 또는 확장된 접근[말기암 또는 후천성면역결핍증 등 생명을 위협하는 중대한 질환을 가진 환자(총리령 제28조(임상시험용의약품의 치료목적 사용승인 신청 등))][1]

② 응급 사용[생명이 위급하거나 대체치료수단이 없는 등 총리령으로 정하는 응급환자(총리령 제29조(임상시험용의약품의 응급상황 사용승인 신청 등))]

③ 해당 의약품등을 연구 또는 분석(사람을 대상으로 하지 아니하는 연구 또는 분석을 말한다)의 목적으로 사용하려는 경우

2. 임상시험의 위험성과 임상시험 결과 조작 사례

1) 임상시험의 위험성-소아마비 백신 임상시험(The Cutter Incident, 1955)

의료인 30만여 명이 180만 명의 아이들에게 개발되었지만 검증

1 동정적 사용 또는 확장된 접근에 대해서는, 박수헌, 줄기세포기반치료에 대한 미국의 규제 경향 고찰, 생명윤리정책연구 제9권 제3호, 2016. 6, 79~101면 참조.

되지 않은 폴리오 백신을 접종했다. 부모들은 전국 215개 접종소에 아이들을 데려가 5주 동안 3차례 근육주사를 맞혔다. 연구진은 백신의 효능을 검증하기 위해 실험 결과를 IBM 천공 카드에 기록하여 관찰하였다. 1955년 4월 12일 백신이 성공했다는 뉴스가 나왔지만, 임상시험 기간 동안 220명의 아이들이 소아마비에 걸렸고 10명이 사망하였다. 감염을 일으킨 백신은 제약회사 커터 연구소 생산분이었으며, 60건의 소송이 제기되었고 임상시험에 대한 일반 대중의 의심의 골이 깊어지게 되었다.

2) 임상시험 결과 조작 사례

(1) 바이옥스(Vioxx) 사례

1998년 11월 머크사는 5,400명을 대상으로 임상시험을 8차례 실시한 뒤 차세대 소염 진통제 바이옥스의 안전성이 확인되었다고 발표하였다. 머크사는 임상시험 결과를 근거로 FDA에 품목허가를 신청하였다. 그러나 품목허가가 나오기 전에 머크사는 8,000명을 대상으로 또 다른 임상시험을 시작하였다. 그 임상시험 명칭은 '바이옥스가 위장에 미치는 영향 조사'였고 임상시험의 목표는 바이옥스가 경쟁약인 나프록센보다 소화 계통에 부담을 덜 준다는 것을 입증하는 것이었다. 머크사는 이것을 바이옥스의 주요 장점으로 내세우고자 하였던 것이다. 1999년 5월에 FDA는 품목허가를 내 주었고 10개월 지나 머크는 위 임상시험 결과를 발표하였고 17명이 심장마비를 일으켰다고 공개했다. 그러나, 실제로는 20명이었고 바이옥스가 심장혈관 계통에 미치는 또 다른 영향에 대한 정보는 공개하지 않았다. 2009년 9월 머크사는 또 다른 연구를 수행한 후 바이옥스를 시장에서 스스로 퇴출시켰다. 미국인 8만 8천명이 바이옥스 복용 후 심장마비를 일으켰으며 그중 3만 8천명이 사망하였다.

(2) 인보사 사례[2]

식품의약품안전처는 2019년 7월 3일 코오롱생명과학의 골관절염 유전자치료제 '인보사케이주(인보사)'의 주성분에 허가 당시 제출한 자료와 다른 성분이 포함된 것으로 확인돼 인보사 품목허가를 7월 9일자로 취소한다고 밝혔다. 식약처는 품목허가 취소사유로 "인보사 주성분 2액이 연골유래세포가 아님에도 연골유래세포로 품목허가를 신청해 허가받았다"며 "허가내용과 달리 안전성·유효성이 충분히 확보되지 않아 국민 보건에 위해를 줄 우려가 있는 신장유래세포가 포함된 의약품을 제조·판매했기 때문"이라고 설명했다.

인보사는 사람 연골세포가 담긴 1액과 연골세포 성장인자(TGF-β1)를 도입한 형질전환 세포가 담긴 2액으로 구성된 주사액으로 2017년 7월 식약처로부터 품목허가를 받았다. 하지만 2액의 형질전환 세포가 품목허가 당시 기재한 연골세포가 아니라 신장세포인 것으로 드러나면서 문제가 불거졌다. 이에 식약처는 2019년 5월 28일에 인보사 품목허가를 취소하고 제조사인 코오롱생명과학을 형사고발하겠다고 발표했다. 이에 대해 코오롱생명과학은 "인보사 2액에 신장세포가 들어간 것은 착오였고, 이를 모른 채 품목허가를 신청하고 승인을 받았

2 매일경제, 식약처 '인보사' 허가 취소…코오롱 美임상 재개에 올인(2019. 7. 3) 참조.

다"며 "식약처가 주관한 모든 임상시험을 동일한 세포로 진행해 인보사의 안전성과 유효성을 과학적·객관적으로 검증받았다"고 강조했다.

3. 가치있는 역사적 임상시험: 기아 실험(The Great Starvation Experiment, 1944~1945)

제2차 대전 말미에 수행된 기아 실험은 전쟁으로 폐허가 된 유럽에서 살아남으려 사투를 벌이던 수많은 사람들에게 식량을 공급하기 위한 귀중한 정보를 제공하였다. 엔설 키즈(Ancel Keys) 박사는 전투식량 'K 레이션'을 발명한 뒤 1년 동안 실험을 진행하기 위해 양심적 병역거부자 36명을 모집하였다. 키즈 박사는 실험이 얼마나 힘들 것인지를 대상자들에게 솔직히 알려주었다. 당시 유럽인들이 처해 있던 상황을 재현하기 위해 6개월 동안은 대상자들의 식단을 극도로 제한하였다. 키즈 박사는 기아로 인한 신체적·정신적·정서적 영향을 연구한 뒤 나머지 6개월 동안 이들의 건강을 회복시켰다. 이 연구는 전후 유럽을 재건하는 동안 K 레이션이 수많은 사람들을 먹여 살리는 데 중요한 역할을 하도록 만들었다. "인간 기아의 생물학"(Biology of Human Starvation)은 지금까지도 이 분야에서 권위를 인정받고 있으며 식욕부진의 영향, 식사와 건강의 관계 등에 대해 유용한 정보를 담고 있다.

4. 임상시험의 주요 특징

1) 가짜약(Placebo)의 사용

가짜약의 사용은 표준치료법이 없는 경우 등 현재 치료법이 존재하지 않는 경우에만 사용할 수 있도록 해야 한다. 심각한 질병을 가진 환자를 시험군과 대조군으로 구분하여 시험군에게는 시험약을 대조군에게는 가짜약을 제공할 경우 가짜약을 제공받은 환자의 생명에 치명적인 손상을 가져올 우려가 있다. 따라서, 가짜약의 사용에 대해 IRB는 신중하게 검토하여 가급적 가짜약의 사용을 허용하지 않도록 해야 할 것이다. 가짜약의 사용은 주로 대형 제약회사들이 기존 약품의 효능과 비교하여 열등하지 않은 정도로만 시험약의 효능을 입증하면 되기 때문에 가짜약의 사용을 선호하게 되었다. 이러한 이유로 가짜약의 사용을 엄격히 규제할 수 있도록 IRB가 그 역할을 강화해야 할 것이다.

헬싱키선언 – 가짜약의 사용

33. 새로운 중재의 이득, 위험, 부담 및 효과는 입증된 최선의 중재의 이득과 위험, 부담, 효과와 비교하여 검증해야 한다. 다음의 경우는 제외한다. 입증된 중재가 없는 경우, 가짜약을 사용하거나 중재를 하지 않는 것이 허용될 수 있다; 또는 강력하고 과학적으로 타당한 방법론적 이유로 인해 입증된 최선의 중재보다 효과가 낮은 중재를 사용하거나, 가짜약을 사용하거나 중재를 하지 않는 것이 어떤 중재의 효능과 안전성을 결정하는 데 필요하며, 입증된 최선의 중재보

다 효과가 낮은 중재를 받거나, 가짜약을 받거나, 중재를 받지 않는 환자라도 입증된 최선의 중재를 받지 않은 결과로 인해 중대하거나 돌이킬 수 없는 위해를 입을 추가적인 위험이 없을 경우 허용될 수 있다. 이러한 선택의 남용을 피하기 위하여 최대한의 주의가 취해져야 한다.

CIOMS **지침** 5: **임상시험에서 대조군의 선택**

일반적 원칙으로서, IRB는 진단, 치료, 또는 예방 중재를 받는 대조군의 연구대상자들이 확립된 효과적인 중재를 받아야 한다는 것을 보장해야 한다. 연구 상황 상 확립된 효과적인 중재가 없을 때, 또는 확립된 효과적인 중재에 추가될 때 가짜약이 비교용으로 사용될 수 있다.

확립된 효과적인 중재가 있을 때, 가짜약은 ① 가짜약을 사용하기 위한 매우 강력한 과학적 이유가 있고, 그리고 ② 확립된 효과적 중재를 지연하거나 보류하는 것이 대상자에게 최소위험보다 약간 증가하는 위험만을 초래하고 그 위험이, 효과적인 완화 절차의 사용을 통하는 것을 포함하여, 최소화될 때에만 확립된 효과적인 중재를 참여자들에게 제공하지 않고서 비교용으로 사용될 수 있다.

연구의 그 밖에 중재나 절차의 위험과 이득이 지침 4－연구의 잠재적인 개별적 이득과 위험－에 규정된 기준에 따라서 평가되어야 한다.

CIOMS **지침** 21: **집단 및 기관을 무작위로 선정하는 임상시험**

집단 및 기관을 무작위로 선정하는 임상시험을 시작하기에 앞서서 연구자, 의뢰자, 관련 정부기관, IRB는 ① 누가 연구대상자인지를 그리고 다른 개인이나 집단이 직접적으로 목표 대상이 되지는 않았을지라도 무엇에 의해 영향을 받는지를 결정해야 하고, ② 환자, 건강관리 종사자, 또는 특정 연구에 참여하고 있는 지역사회 구성원으로부터 충분한 정보에 의한 동의를 획득하는 것이 요구되거나 타당한지 여부를 결정하고, ③ 충분한 정보에 의한 동의를 요구하고 동의 거절을 허용하는 것이 연구 결과를 무효화하거나 타협하도록 할 수 있는지 여부를 결정하고, ④ 특정한 집단을 무작위로 선정하는 임상시험에서 비중재 집단이 대조군으로서 윤리적으로 수용될 수 있는지 여부를 결정하고, ⑤ 집단 및 기관을 대신하여 참여 여부를 결정할 수 있는 정당한 권한을 가진 지역사회의 지도자, 기관의 장, 또는 지방보건협의회 등으로부터 허락을 받아야 하는지 여부를 결정해야 한다.

2) 위험 - 이득평가(Risk-Benefit Assessment)

위험(Risk)은 일반적으로, 발생할 수 있는 위해의 정도와 가능성에 따라 평가된다. 예컨대, 위험이 거의 모든 연구대상자들에게 일어날 수 있는가 아니면 만 명 중 한 명의 비율로 일어날 수 있는가의 평가가 있다. 또한, 위험은 위해의 정도에 따라서 정량화할 수 있다. 즉 위해가 경미한 가려움증 수준인가 또는 연구대상자가 사망에 이를 수 있는 위험인가 평가하는 것을 예로 들 수 있겠다. 위험은 유형에 의해서도 분류될 수 있다. 의학 연구에서는 주로 신체적인 위험에 초점을 맞추지만, 위험은 사회적 · 법적 · 경제적 · 심리적인 문제일 수도 있다. 그리고 위험은 개인적 차원에서만 적용할 수 있거나 반대로 사회의 광범위한 부분에 적용할 수도 있다.

이득(Benefit)은 연구 과정의 결과로 나타나는 긍정적인 가치나 혜택을 의미한다. 이러한 가치나 혜택은 개인 참여자에게 좋은 치료 결과를 얻을 수 있는 기회를 주는 것과 같은 구체적인 이득일 수 있다. 연구 결과가 약물 중독과 관련된 잠재적인 사회·경제적 원인을 이해하는 데 중요한 역할을 하는 경우와 같이 막연하고 일반적인 것일 수도 있다. 연구대상자나 사회에 가해지는 위험은 반드시 잠재적인 이득을 고려하여 검토해야 한다. 예상위험과 예상이득의 상대적인 정도뿐만 아니라 상대적 발생가능성도 고려해야 한다.

한편, 연구 참여에 대한 사례비를 이득으로 고려해서는 안 된다. 연구자와 IRB가 겪는 어려운 점 중 하나는 연구결과의 잠재적 이득이 연구 수행에 따른 위험을 상쇄할 만한 수준인가를 결정하는 것이다. 그런데, 이러한 결정은 매우 어렵다. 왜냐하면, 잠재적인 이득이나 위험 모두를 미리 알 수 없고, 연구 참여에 의한 위험은 연구대상자 개인에게 미치는 것이지만 대체로 연구에 따른 이득은 개인적이라기보다는 사회적 이득이 되기 때문이다.

3) 데이터 모니터링 위원회(Data Monitoring Committees, DMC)[3]

연구대상자 보호를 위해 의뢰자가 주로 의학 분야(질병, 의약품, 의료기기, 시술, 결과측정 등)와 방법론 분야(임상연구의 설계, 자료 관리,

---

3 Cynthia McGuire Dunn & Gary L. Chadwick, *Protecting Study Volunteers in Research*, CenterWatch, 3rd ed., 2004, 122~128면 참조; Elizabeth A. Bankert 외 엮음/이경훈 옮김, IRB란 무엇인가?, 지코사이언스, 2011, 443~447면 참조.

통계 분석, 생명윤리 등)의 전문가 3~6명으로 구성하는 위원회를 데이터 모니터링 위원회라 한다(2001년까지는 데이터 안전성 모니터링 위원회(Data Safety Monitoring Board, DSMB)라 불렸다). 이 위원회는 ① 현재의 연구대상자와 아직 등록되지 않은 연구대상자의 지속적인 안전에 관한 조치와 보고를 주된 임무로 하고, ② 연구의 과학적 신뢰성을 유지하면서 적절한 숫자의 대상자 모집이 진행되고 있는지를 모니터링하고, ③ 자료 수집 및 관리의 수준과 결과를 감시하고, ④ 임상시험의 지속적인 타당성과 과학적 장점을 평가하는 독립적인 심사 및 자문기구이다.

이 위원회는 사망률과 주요 이환율이 임상시험의 1차 또는 2차 최종목표로 작용할 때에는 반드시 설치되어야 한다. 그리고 위원들은 관련 전문가(임상 전문, 생물통계학, 약리학, 독성학, 생명윤리학 등)여야 하고, 이전의 데이터 모니터링 위원회 경험이 있어야 하고, 임상시험 경험이 있어야 하고, 모니터링하고 있는 연구결과에 대한 이해상충(직업적, 경제적, 과학적, 지식재산 등)이 없어야 하는 등 엄격한 위원 선정기준이 마련되어야 한다.

위원회는 제공될 자료의 종류와 형태를 구체화하고, 그룹별로 맹검(눈가림) 자료를 검토하며(어떤 그룹이 어떤 군인지 알려주지 않은 상태로), 해당 연구의 익명화를 완전 해체시키는 조치를 통해 의뢰자나 연구자에게 의견으로 제시되고 시행된다. 위원회는 이미 명확한 연구결과에 도달한 경우(유효성 확인), 연구를 완료하더라도 결론에 도달하기 어려운 경우(무의미성 확인), 또는 연구대상자에 대한 위험이 너무 높은 경우(안전성 확인)에는 조기에 연구를 종료하도록 권고할 수 있다.

이처럼 위원회는 연구대상자들이 더 위험하면서 덜 효과적인 치료법에 노출되는 상황을 최소화시키면서 안전성을 높일 수 있게 된다.

「**의약품 임상시험 관리기준**」[8. 마. 2)]

의뢰자는 안전성 관련 자료와 중요한 유효성 결과변수를 포함한 임상시험의 진행 정도를 주기적으로 평가하고 해당 임상시험의 진행, 변경 또는 중지 여부에 대한 자문을 할 자료모니터링위원회를 설치할 수 있으며, 자료모니터링위원회는 업무 수행에 필요한 표준작업지침서를 마련하고, 회의록을 작성·보관하여야 한다.

4) 유전학연구

유전학연구는 “질병의 예방 또는 치료를 목적으로 유전적 변이를 일으키는 유전자에 대해 일반화할 수 있는 지식을 개발하거나 이에 기여할 수 있도록 설계된 연구개발, 테스팅(testing) 및 평가를 포함하는 체계적 조사”로 정의할 수 있으며, 질병이 유전자와 관련되어 있다는 인식에 따라 임상연구에 유전학 분야가 점점 더 자주 포함되고 있다. 유전학연구는 전통적 방법으로는 치료가 어려운 질병에 대한 환자 맞춤형 의료를 구현할 수 있어 환자 치료에 상당한 이득을 줄 수 있지만, 그에 수반하는 알려지지 않은 위험도 존재한다. 이에 환자 및 연구대상자를 보호하는 동시에 유전학연구의 필요성과 활성화에 대한 관심도 따라서 증가하게 되었다.

유전학연구의 위험성 논쟁은 미국에서 시작되었으며, 사람에게 암을 유발시킬 수 있는 위험성 때문에 1970년대 초 재조합 유전자(rDNA) 연구 논쟁에서 시작되었다. rDNA 연구는 형질도입이라는 과정을 통해 바이러스를 매개로 다른 유기체 속으로 전사될 수 있는 새로운 서열을 창출하기 위해 원천을 달리하는 DNA를 함께 접합하는 것을 포함한다. 이처럼 유전물질을 조작하고 변경할 수 있는 능력을 통해, 한편으로는 질병 치료를 위한 무한한 잠재력을 가지지만 다른 한편으로는 재앙적인 신체적·환경적 결과를 가져올 수도 있는 rDNA 연구에 대한 과학자들의 고민이 유전학연구에 대한 규제의 필요성을 촉구하였다.

실제로 폴 버그(Paul Berg)는 1971년 봄에 종양 바이러스와 대장균에서 자연적으로 발생하는 세균분해 바이러스를 결합시키는 실험연구를 수행하였는데, 대장균에서 종양 바이러스가 배양되어 의도치 않게 사람에게 암을 초래할 수 있는 위험성 때문에 다른 연구자(로버트 폴락–암 발생과 같은 중대한 위험을 야기할 수 있는 rDNA 연구는 과학자 사회와 사회구성원 몰래 비밀리에 수행되어서는 안 된다)의 반대에 직면하였다. 이에, 종양 바이러스가 실험실에서 사람에게 영향을 미쳐 암을 야기하는지 여부와 그 예방을 위한 실험실 봉쇄 및 안전성 예방에 관한 컨퍼런스가 1973년 개최되었고, 암발생 위험이 두려워했던 것보다 훨씬 덜하다는 결론에 도달하였다(Asilomar I). 이후 1973년 6월 「핵산에 관한 고든 컨퍼런스」(Gordon Conference on Nucleic Acids)에서 rDNA 연구를 포함하여 최근 연구에서 발견한 사실들을 논의한 결과 안전성에 대한 우려가 재부상하게 되었다. 이에 따라, 1975년 2월 전세계 세포생물학자들이 rDNA 연구에 대한 논의를 위해 2번째 컨퍼런스를 개최하였고, 예상 위해에 관한 갑론을박으로 특정 rDNA 연구에 대한 유예가 지속되어야 하는지 여부에 특별한 관심이 집중되었다. 결국, rDNA 연구는 실험설계 시 실험실 봉쇄조치와 예상위험에 대응하는 안전판을 갖추고서 진행되어야 한다는 결론에 도달하였다(Asilomar Ⅱ).[4]

유전학연구는 ① 연구대상자에 대한 위험, ② 연구대상자와 가족 구성원 간의 갈등 야기 위험, ③ 사회에 대한 위험, ④ 유전자 샘플의 사용과 보관 관련 위험, ⑤ 미성년자의 유전학연구 참여에의 위험 등을 야기할 수 있다.

①과 관련하여, 연구대상자로부터 획득한 유전정보로 인한 직업, 보험, 가족관계, 집단 등에 부정적 영향을 미칠 수 있다는 점이다. 또한, 미성년자가 연구에 참여할 때 유전정보가 친자 확인과 같은 중대한 가족비밀을 공개하는 열쇠가 될 수도 있다. 이혼 또는 양육권 분쟁에서 아버지가 연구자에게 미성년자의 친자 확인과 연관된 증거를 요구하는 경우도 흔하다.[5] 「생명윤리 및 안전에 관한 법률」 제46조는 유전정보에 의한 차별금지 등을 규정하고 있다. 이 조항에 따라 누구든지 유전정보를 이유로 교육·고용·승진·보험 등 사회활동에서 다른 사람을 차별하여서는 안 되고(제1항), 다른 법률에 특별한 규정이 있는 경우를 제외하고는 누구든지 타인에게 유전자검사를 받도록 강

---

4 유전학연구에 대한 미국의 규제 역사 및 규제 내용에 관한 상세한 내용은, 박수헌, 유전자치료연구에 대한 미국 국립보건원(NIH)의 규제 고찰, 생명윤리정책연구 제9권 제2호, 2015. 12, 1~24면 참조; 박수헌, 미국의 유전자치료 규제 관련 법제, 최신외국법제정보 2015년 제7호, 2~17면 참조; 박수헌. 유전자치료의 연구가이드라인과 품목허가 제도-미국을 중심으로-, BioINpro, 2018. 10, Vol. 56, 1~11면 참조.

5 Evan Derenzo 등 지음/최현일 등 옮김, 연구계획서 IRB 통과하기, 연세대학교 대학출판문화원, 2014, 359~361면 참조.

요하거나 유전자검사의 결과를 제출하도록 강요해서도 안 되며(제2항), 의료기관은 해당 환자와 동일한 질병의 진단 및 치료를 목적으로 다른 의료기관의 요청이 있고 개인정보 보호에 관한 조치를 한 경우를 제외하고는 환자 외의 자에게 제공하는 의무기록 및 진료기록 등에 유전정보를 포함시켜서는 안 된다(제3항)고 규정한다.

②와 관련하여, 연구과정 중에 얻어진 정보는 연구대상자와 가족 구성원 관계를 위태롭게 할 수도 있다. 다른 가족 구성원에게는 건강과 연관된 것일 수도 있지만 개인 유전정보의 공유를 원하지 않는 연구대상자에게는 사생활 문제가 제기될 수 있다. 또 다른 경우로는 연구 참여를 원하지 않는 가족 구성원을 포함하는 유전학 연구의 경우 가족 유전자 연구에 참여하도록 설득하는 과정에서 가족 구성원 사이의 불화를 만들 수도 있다.[6]

③과 관련하여, 연구대상자나 가족에게 위험은 없지만 집단에는 위험을 줄 수 있는 유전학 연구가 있을 수 있다. 유전자변형이 적은 집단을 대상으로 연구하는 것이 가장 좋지만 이런 인구집단은 매우 드물기 때문에 해당 집단을 철저하게 연구하게 되면 그만큼 낙인의 위험성도 높아지게 된다. 연구자가 특정 인구집단을 대상으로 연구를 계획할 때 해당 인구집단에 대한 부정적 영향을 최소화하거나 피할 수 있는 방법을 고려해야 한다. 집단 위해 가능성을 동의 과정과 동의서에 반드시 명시해야 한다. 예컨대, BRCA 1 유전자 돌연변이를 식별하기 위해 수행된 아슈케나지(Ashkenazi) 유대인여성 연구를 공

---

6 Evan Derenzo 등 지음/최현일 등 옮김, 연구계획서 IRB 통과하기, 연세대학교 대학출판문화원, 2014, 361~362면 참조.

동체에 대한 위험의 예로 들 수 있다. 이 연구는 개인 식별자 없이 샘플을 얻도록 설계되었고, 어느 개인 대상자도 식별할 수 없으므로 연구결과가 아무런 위험도 일으키지 않는다고 가정하였다. 그러나 연구가 진행되면서 일반 인구보다 아슈케나지 유대인여성이 BRAC 1 돌연변이를 지닐 확률이 더 높다는 사실이 발견되었고, 이로 인해 아슈케나지 유대인여성들은 낙인이 찍혀 개별적인 손해가 발생하였다.[7]

④와 관련하여, 예컨대, 유전자형과 개인성격 사이에 연관성 유무를 연구하는 경우에 연구자는 혈액 샘플을 얻은 후 성격 데이터와 유전정보를 결합한다. 유전물질은 코드화되어 있고 연구자는 대상자 이름과 코드로 연계된 목록을 단 한 개만 가지고 있다. 이 목록은 잠금 장치가 있는 연구실 서랍에 보관되어 있다. 이러한 경우 IRB는 코드화된 유전자 샘플뿐만 아니라 대상자 성격정보까지 연계될 수 있는 식별 가능한 유전물질이 있다는 것에 대해 해당 데이터 전부에 대한 좀 더 강력한 보호방안을 요구할 수 있다. 참고로, 「개인정보 보호법」 제23조의 민감정보에 유전정보가 해당되므로, 연구자에게 민감정보 처리 시 그 민감정보가 분실·도난·유출·위조·변조 또는 훼손되지 아니하도록 내부 관리계획 수립, 접속기록 보관 등 대통령령으로 정하는 바에 따라 안전성 확보에 필요한 기술적·관리적 및 물리적 조치를 할 법적 의무를 부과한다.

⑤와 관련하여, 예컨대 주로 40대 이후에 발병하는 헌팅턴병(Huntington's disease)에 대해 미성년자를 대상으로 검사를 하지 못한

---

7 Evan Derenzo 등 지음/최현일 등 옮김, 연구계획서 IRB 통과하기, 연세대학교 대학출판문화원, 2014, 131~132면, 363면 참조.

다. 지연 발병하는 질환의 유전자를 가진 미성년자에게 온당히 주어져야 할 기회가 부정되고 결국 미성년자의 장래에 일종의 패배주의적 접근으로 귀결될 수 있기 때문이다. 또한, 해당 미성년자의 미래정보를 미리 알게 되면 해당 미성년자를 왜곡된 방식으로 양육시킬 가능성도 있다. 따라서, 해당 유전정보지식이 미성년자에게 즉각적인 이익을 주지 않는다면 자기결정권을 존중하는 측면에서 해당 검사를 독립적으로 동의하거나 철회할 수 있는 시기까지 기다리는 것도 고려해 볼 수 있을 것이다. 따라서, 연구자는 미성년자를 유전학 연구의 대상자로 참여시킬 때 미성년자가 부모로부터 떨어진 사적 공간에서 연구참여에 반대할 수 있는 기회 보장과 미성년자가 성인이 되었을 때 보관된 샘플을 회수할 수 있는 기회 제공 등을 고려해야 한다.[8]

8 Evan Derenzo 등 지음/최현일 등 옮김, 연구계획서 IRB 통과하기, 연세대학교 대학출판문화원, 2014, 368~369면 참조.

VII.

IRB와 사회행동과학연구

학습목표

- 사회행동과학연구의 의의 및 특징의 이해와 법령 및 국제윤리기준의 규정 이해
- 사회행동과학연구의 유형별 IRB의 심의 이슈의 이해와 법령 및 국제윤리기준의 규정 이해

1. 사회행동과학연구란?

사회란 사회문화적 · 사회경제적 · 사회인구통계학적 지위를 포괄하는 것으로 소그룹에서 복합적인 문화시스템에 이르는 다양한 단계의 사회적 맥락을 말한다. 행동이란 공공연한 행위로써 인지, 감정, 기질, 동기와 같은 근원적인 심리학적 과정을 말한다. 이에, 사회행동과학연구란 “인간사회 자체에 관한 연구 및 개인이 사회 안에서 또는 사회를 향해 가지는 관계에 대한 연구”를 말한다.

사회행동과학연구 영역의 결정과 관련하여 일련의 원칙들과 방법론이 아니라 연구의 실체적 분야가 결정적 요소이고, ① 이론주도 연구 강조, ② 사회행동적 기능의 일반적 원리 탐색, 발달과정과 평생 관점의 중요성, ③ 개인적 변이뿐만 아니라 성별, 나이, 사회문화적 지위와 같은 사회인구학적 범주 상호간 변이도 강조, ④ 행동에 관한 사회적 · 생물학적 맥락 중시 등이 영역과 상관없이 공통적으로 적용되는 사회행동과학연구의 핵심적 요소에 해당한다.

이러한 사회행동과학연구는 신체에 대한 직접적인 침습적 행위가 없기 때문에 상담 및 면담, 설문조사 등과 같은 연구수행방법에 의해 연구대상자에게 심리적 · 정신적 위험을 야기할 수 있고 가족, 친지, 이웃과 같은 지역사회에 연구대상자의 정보 노출로 인한 사회적 위험을 야기할 우려가 있다. 또한, 연구대상자에게 연구의 위험성에 관한 충분한 설명을 하지 않거나 오도하여 연구대상자를 연구에 참여하도록 하는 연구자의 기망행위가 발생할 우려도 있다. 따라서, IRB는 이러한 잠재적 위험과 기망행위를 적절히 다루어 연구대상자에게 위험이 발생하지 않도록 그리고 연구대상자의 자발적 동의에 따른 연구참여를 보장하도록 주의를 기울여야 한다.

사회행동과학연구의 특징은 다음과 같다: 첫째, 다양한 방법론(설문조사, 면담, 질문지, 기록심사, 관찰, 실험실과 현장에서의 다양한 심리적·사회적 간섭, 대규모 개인정보 데이터베이스 이용 등)을 사용한다. 따라서, 연구자는 각 방법론마다 윤리적·과학적 고려를 달리해야 하며, 각 방법론의 부정적 효과를 최소화하도록 연구를 설계해야 한다. 예컨대, ① 실험실과 현장실험은 충분한 정보에 의한 동의와 연구의 위험, ② 설문조사와 면담은 사생활 보호와 비밀보장, ③ 기록심사는 충분한 정보에 의한 동의와 사생활 보호가 중요하다.

둘째, 위험이 과소평가된다. 위험이 미묘하고 종종 대인관계를 포함하고 신체적 침습이 없기 때문에 심각한 결과를 초래하지 않을 것이라 인식되는 것이다. 위험에는 ① 심리적 위험(일시적 근심과 스트레스, 행동장애의 재발과 촉진), ② 사회적 위험(당황, 왕따, 낙인, 지위상실)과 경제적 위험(실직, 고용능력 저하), ③ 법적 위험(체포, 민·형사책임)이 있다. 연구대상자뿐만 아니라 가족, 사회그룹, 지역사회, 민족집단 및 전체 사회에 위의 위험이 존재할 수 있다는 것을 연구자는 인식해야 한다. 이에, IRB는 지배적인 지역사회의 태도, 연구결과의 사용과 출판에 대한 연구자의 책임부담, 광범위한 잠재적 위험 인식, 개인에 미치는 전통적 위험-이득 분석이 과학과 사회에 미치는 위험-이득 분석으로 변화한다는 사실 등을 고려해서 심의해야 한다.

셋째, 속임수(Deception)가 사용될 수 있다. 속임수는 연구대상자들의 태도나 행동을 연구하기 위하여 그들에게 고의적으로 잘못된 정보를 전달하는 경우(예: 보건전문가인 연구자와 연구대상자의 관계적 행동을 연구하기 위해 연구자 본인이 환자인 척 위장하는 경우)와 같이 연구대상자로부터 충분한 정보에 의한 동의를 획득하는 데 방해가 된다. 연구자는 연구대상자들의 진정한 반응과 참여를 촉진하기 위해 속임수 연구를 하고 응답을 얻은 뒤 곧바로 진정한 연구목적과 내용을 고지하고 재동의를 받아야 한다. 재동의를 받지 못한 경우 응답결과를 연구에 사용해서는 안 된다. 그리고 고지하지 않은 정보가 연구의 위험을 증가시켜서도 안 된다. 속임수의 사용은 과학적·윤리적으로 정당화되어야 하고 IRB의 승인을 받아야 한다. 그러나, 연구대상자 등록을 하기 위한 목적으로만 속임수를 사용하는 것은 허용되지 않는다.

넷째, 연구대상자의 삶의 질(Quality of Life)을 고려해야 한다. 설문조사라도 장기간 장애를 야기하여 삶의 질을 저하시킬 수 있는 심리적 스트레스를 잠재적으로 야기할 수 있으므로, 연구자는 연구대상자의 삶의 질을 고려하는 연구설계를 해야 하고 연구대상자는 일상생활에 미치는 잠재적 영향을 이해해야 한다.

다섯째, 사생활 보호와 비밀보장이 핵심적 고려사항이다. 연구대상자가 직접적으로 어떠한 해(harm)를 입지는 않더라도 연구대상자가 잘못될 수 있다는 사실(=위험)이 연구대상자 보호의 핵심사항이기 때문이다. 즉, 사적 행동은 사생활로 남아 있을 것이고 다른 사람이 가지고 있는 나의 정보는 비밀로 보장되고 원래 연구목적으로만 사용될 것이라는 기대권을 연구대상자는 가진다는 것이다. 사생활 보호와 관련한 위험은 연구대상자의 정보가 동의없이 일반 공중에게 공개되거나, 연구대상자 스스로 자신에 관한 통제력을 상실하거나, 연구대상자도 모르게 이름을 알아내어 연락하는 것과 같은 불안감 등이다. 연구대상자의 오명(stigma) 제공, 불법 활동, 알려지기 원치 않는 삶의 경험 등에 관한 내용일 경우 연구대상자의 연구에의 참여가 공개되어서는 안 된다. 연구 참여를 밝히는 것이 연구대상자의 사생활 침해에 해당하기 때문이다. 또한, 이메일과 집에서의 전화통화의 경우 가족 누구나 접근 가능하기 때문에 그 보안성의 취약성으로 인해 연구자는 연구대상자의 사생활 침해에 특히 주의해야 한다.

비밀보장과 관련하여서 연구자는 연구 데이터가 의도치 않게 공개되지 않도록 해야 하고 익명화된 데이터를 연구에서 사용해야 한다. 수집된 데이터가 개인식별가능한 형태일 경우에 언제나 문제가 된다. 연구데이터를 보호하기 위한 이상적 방법은 연구자가 연구대상자를 식별할 수 있는 정보를 수집하지 않는 것이다. 그러나 만약 의도치 않게 공개될 경우 연구대상자에게 해를 줄 수 있는 개인식별가능한 데이터를 연구자가 보유할 계획이라면, 연구자는 수집·보관·분석·보고 단계에서 데이터를 보호하기 위한 절차를 설계해야 한다. 이러한 절차에는, ① 이름과 데이터 간의 고유숫자 연결장치의 개발, ② 보안장치가 마련된 서버에 암호화된 데이터 보관, ③ 데이터 수집 완료 후 식별자 삭제, ④ 데이터의 총괄 보고, ⑤ 논문이나 발표에서 알아 볼 수 없는 식별자 개발 등이 있다. 또한, 설명문 동의서에서 현재와 장래에 식별가능한 데이터에 접근할 수 있는 자와 그 데이터의 장래 사용을 기재할 수 있는 자를 명확하게 설명해야 한다. 연구자가 컨퍼런스 발표 시 연구대상자의 비디오 클립을 보여주길 원하거나 그것을 강의실에서 사용하고자 할 경우 연구대상자의 승인을 획득해야 한다.

이처럼 IRB는 연구대상자의 사생활을 존중하고 침해를 최소화 하였는지(예컨대, 연구결과 발표 시 개인정보 보호 여부, 설문연구의 경우 설문지 보관기간, 동의서와 설문지의 코드화 등)와 비밀보장과 관련하여 연구데이터의 비밀성을 보호하기 위한 메커니즘을 설계하였는지(예컨대, 설문연구의 경우 설문내용을 다른 연구자에게 제공하는지 여부)를 검토해야 한다. 그리고, 연구자가 연구수행 중 아동학대, 보고할 수 있는 감염병, 연구대상자의 자신 및 다른 사람에 대한 폭행 위협 등을 알게 된 경우 공개 여부에 대해서는 설명문 동의서에 공개 여부가 명시되어 있는지 IRB는 확인해야 한다.

헬싱키선언 – 연구등록 및 결과의 출간 및 배포

35. 모든 인간대상 연구는 최초 연구대상자를 모집하기 전에 일반대중이 접근할 수 있는 데이터베이스에 등록하여야 한다.

36. 연구자, 저자, 의뢰자, 편집인 및 발행인은 모두 연구결과의 출간 및 배포에 관한 윤리적 책무를 진다. 연구자는 인간대상 연구의 결과를 일반대중에게 공개할 의무가 있으며, 보고의 완성도와 정확성에 책임을 진다. 모든 당사자들은 윤리적인 보고에 대한 인정된 지침을 준수하여야 한다. 긍정적 결과뿐 아니라 부정적이고 확정되지 않은 결과도 출판하거나 다른 방법으로 대중에게 공개하여야 한다. 출판물에는 재원 출처, 소속기관 및 이해상충에 대해 밝혀야 한다. 이 선언의 원칙을 따르지 않은 연구의 보고서는 출간하도록 허용해서는 안 된다.

2. 연구유형별 IRB의 심의 이슈

사회행동과학연구의 유형에 따라 IRB가 중점을 두고 심의해야 할 내용에는 차이가 있고, 연구대상자 보호를 위해 연구 유형별로 강조해야 할 내용이 중첩적으로 적용될 수도 있다. IRB 심의 시 중점을 두고 검토해야 할 사항들을 연구 유형별로 구분하면 다음과 같다.

1) 설문조사연구[1]

설문조사연구는 설문지, 전화 인터뷰, 호별 방문조사, 또는 이와 유사한 방법으로 많은 수의 응답자들로부터 정보를 얻도록 계획된 연구로 동의서를 획득하는 것이 원칙이지만 동의는 받되 서면화하지 않겠다고 연구자가 약속하는 경우도 많이 있다. 이러한 설문조사연구에 있어서는 연구대상자의 사생활 보호와 비밀보장이 중요하다. 이를 위해 연구대상자에게 제공되는 정보가 생명윤리 및 안전에 관한 법령과 「개인정보 보호법」 등의 요건을 충분히 충족하도록 하는 것을 보장하기 위해 연구자는 설문조사 계획서를 신중하게 작성해야 한다. 즉, 설문조사연구에서 설문지에 침해적 내용의 질문이 포함되면 미리 충분하게 그 질문의 본질에 관한 정보가 연구대상자에게 제공되어야 한다. 따라서 성적 행동, 아동 학대, 정신병 치료약, 기타 개인적 주제에 관한 연구는 그 질문들의 민감한 본질에 관해 설명문 동의서에서 미리 공개되어야 한다.

---

1 Elizabeth A. Bankert 외 엮음/이경훈 옮김, IRB란 무엇인가?, 지코사이언스, 2011, 715~727면 참조.

설문의 내용과 관련하여 설문조사의 응답자가 자발적으로 설문조사에 응하였다고 하더라도, 응답자에게 과도한 불편 및 부담이 예상되는 질문(예: 폭행사건의 피해자를 대상으로 폭행 당시의 상황을 물어보는 것)을 하지 않겠다는 사실과 이러한 질문에 대해서는 응답자가 답을 하지 않아도 된다는 사실을 동의서에 적시해야 한다. 또한, 설문조사연구의 경우 연구자는 응답자들에게 일반적으로 쉽게 얻기 힘든 정보의 제공(예: 일탈행동 또는 성생활)을 요청하는 경우도 있다. 따라서 연구자는 응답자의 익명성을 보장하기 위한 방안을 동의서에 기재해야 한다. 예컨대, 응답자에게 일정한 번호를 부여하고 응답자를 식별할 수 있는 정보를 별도로 보관하거나, 설문지에 응답자의 이름을 기입하지 않게 하는 방법 등의 활용이다.

설문조사연구에 있어서 동의서 획득 시 연구자는 다음 사항에 대해 특히 관심을 기울여야 한다: 첫째, 설문조사 결과 예상치 못한 사실 발견 시의 조치 방안. 예컨대, 초등학교 고학년의 인터넷 중독 예방 프로그램 마련에 관한 설문조사 중 우울증 척도가 높아 위험한 경우를 연구자가 발견한 경우에 이 사실을 연구대상자 및 부모에게 알릴 것이라고 설명문 동의서에 명시해야 한다.

둘째, 대리인 설문조사에 있어서는 연구대상자가 2명이라는 사실의 인식. 예컨대, 아내의 정보를 남편이 제공하는 경우라든지 노부모에 대한 설문조사를 성인인 자식이 대신 하는 경우에는 연구대상자가 2명이라는 것을 인식해야 한다. 또한, 데이터가 암호화되어 있지만 연결되어 있는 자료를 통해 연구대상자인 근무자의 남편이 HIV 양성이라는 사실을 알아낸 경우처럼 비밀보장이 되지 않아 연구대상자에 대한 위해발생 가능성이 있으면 1차 대상자는 물론 대리대상자 모두에게 충분한 정보에 의한 동의를 받아야 한다. 이 경우에는, 특히 비밀보장 이슈가 관련이 되고 비밀보장 방법으로는 개인식별자 대신 암호로 대체, 데이터가 포함된 설문조사지에서 이름이나 주소가 포함된 표면 시트지 제거, 컴퓨터 시트와 다른 문서들을 적절히 폐기처분, 식별 가능한 데이터에의 접근권 제한, 연구진에게 비밀 보장의 중요성 각인, 밀폐 가능한 캐비닛에 정보보관 등이 있다.

특히, 익명화되지 않은 자료에서 제기되는 문제는 연결파일(식별정보와 고유번호를 연결할 수 있는 전자 데이터 파일)이고, 이 파일은 응답 데이터와 분리시켜 보관해야 하며, 제한된 접근과 암호화 방법으로 보호되어야 한다. 그런데, ① 가족 구성원으로부터 수집한 정보가 개인식별정보가 아닌 경우, ② 가족 구성원으로부터 수집한 정보가 사적 정보가 아닌 경우, ③ 가족 구성원으로부터의 동의를 면제할 수 있는 경우에는 가족 구성원에 대한 정보 수집이 가능하고 해당 가족 구성원으로부터의 동의 획득을 면제할 수 있다.

셋째, 보건설문조사에서는 연구대상자의 정신적·사회적 위해의 존재 가능성이 있다는 사실. 보건설문조사에서는 정신건강상태(예: 우울증) 또는 이전의 성적 학대, 불법적 약물과 처방 약물 사용, 신체장애에 대한 내용이 포함되고, 이러한 질문들은 연구대상자의 감정적 충동을 불러일으킬 수 있고 응답자에게 차별·비난·육체적 위해를 끼칠 위험에 놓이게 하기 때문에 연구자는 질문의 필요성과 연구대상자 보호 간의 균형을 잡아야 한다. 또한, 약물사용, 성적 행동이나 언행, 정신질환에 대한 질문들과 연결되면 해당 개인이 속한 집단에 부적절한 낙인의 가능성이 발생할 수 있다는 사실도 연구자는 인지해야 한다.

2) 영상녹화, 음성녹음, 면담 등을 이용하는 관찰연구

관찰연구는 연구대상자의 특성이나 행동 등을 관찰하거나 연구대상자로부터 특정한 정보를 조사한 후 결과를 도출하는 연구이다. 연구 대상이 인간이기도 하지만 인간으로부터 유래한 정보나 자료를 대상으로 하기도 한다. 이런 정보나 자료는 연구자가 직접 수집하여 사용하기도 하지만 일부 기관이나 개인이 연구 또는 연구 외의 목적으로 수집해 놓은 것을 활용하기도 한다. 최근 유전정보를 함께 수집하는 관찰연구가 증가하고 있다. 영상녹화, 음성녹음, 면담 등을 이용하는 연구는 민감한 화제를 다루거나 연구대상자의 일상생활을 깊숙이 조명하는 경우가 대부분이다. 그 결과 연구자는 아동이나 연장자에 대한 폭행 또는 방치의 우려나 연구대상자 자신이나 타인에게 해를 가할 가능성과 같은 보고할 만한 상황에 직면하는 경우가 있다. 연구자는 이에 대한 준비가 되어 있어야 한다. 연구자로 하여금 자문과정을 거치도록 한다거나 연구대상자에게 보고해야 한다는 사실을 설명문 동의서에 기재함으로써 연구자가 연구결과를 보고할 만한 상황에 대비하고 있다는 사실을 동의서 획득 시에 연구대상자에게 알려주어야 한다.

의과학 연구에서도 질병에 대한 치료법이 개발되고 유용성이 검증되기 전에는 질병의 병태 생리학적 기전을 증명하고 해석하는 것이 필요한데, 이를 위해 환자들의 행동을 관찰하거나 실제 생활 속에서

의 행동을 관찰하는 것이 필요하고 위 질적인 수단을 연구방법으로 사용하는 것이 바람직하다.[2]

심층면담과 관련하여서는, 연구자는 첫째, 연구대상자에게 과도한 불편 및 부담이 예상되는 질문(연구대상자의 사생활에 해당하는 지극히 개인적인 사항 또는 연구대상자의 실수 또는 위법한 행위 등을 묻는 경우)을 하지 않겠다는 사실, 둘째, 연구자가 연구대상자를 불편하게 하는 방식으로 질문을 하지 않겠다는 사실(의도적으로 연구대상자를 속이거나 혼란스럽게 하는 방식으로 질문을 구성하지 않겠다, 또는 특정한 주제에 집착하여 반복적으로 동일한 내용을 질문하지 않겠다), 셋째, 연구대상자의 익명성을 철저히 보장하겠다는 사실, 넷째, 면담 과정에서 연구자와 연구대상자 간의 역학관계에 대해 충분한 고려를 하겠다는 사실을 설명문 동의서에 기재해야 한다.

심층면담은 특정한 사건 또는 주제에 대한 연구대상자의 의도, 신념, 태도, 느낌 등을 조사하기 위하여 연구자와 연구대상자가 대화를 나누는 형태로 진행되는 질적 사회과학연구에서 가장 많이 활용되는 연구방법론이다. 심층면담에는 ① 구조화된 면담(미리 만들어진 질문지를 사용하여 연구자가 연구대상자에게 질문을 하고, 연구대상자는 질문에 따라 정해진 항목 내에서 답변을 하는 방식의 면담), ② 반구조화된 면담(연구자가 미리 준비한 구조화된 질문을 한 후에 연구대상자의 답변에 따라 조금 더 풍부한 정보를 얻기 위하여 개방형 질문을 하는 방식의 면담), ③ 비구조화된 면담(미리 정해진 질문을 사용하지 않고, 연구자와 연구대

---

2 Evan Derenzo 등 지음/최현일 등 옮김, 연구계획서 IRB 통과하기, 연세대학교 대학출판문화원, 2014, 306면 참조.

상자가 연구주제에 대하여 자유롭게 대화를 나누는 방식의 면담)이 있다. 그 밖에 개인면담, 집단면담(2명 이상의 연구대상자들에게 동시에 질문을 하는 방식으로 이루어지는 면담), 초점집단(focus group)면담(4명에서 12명의 사람들이 특정한 주제에 대하여 논의하는 형식의 면담), 전화면담, 이메일면담, 인터넷면담 등의 방법으로 수행된다.

영상녹화(사진촬영이나 녹화), 녹음 등의 방법을 활용하려는 경우에는 익명화가 어렵고 신분 인식이 가능하기 때문에 연구대상자의 사생활과 비밀보장에 위험을 야기할 수 있다는 것을 연구자는 인식하여 연구대상자에게 반드시 알리고 동의서를 획득해야 하고, 이 동의서에는 연구대상자의 신분보장을 위한 특별한 보호절차가 기재되어야 한다. 녹화나 녹음을 어떻게 할 것인지에 대한 구체적인 설명이 기재된 설명문 동의서 제공, 녹화 화면에서 얼굴은 보여주지 않는다는 신분보호 절차, 연구종료 이후에는 문서기록보다 녹화나 녹음 자료들이 우선적으로 폐기될 것이라는 사항 등이 이러한 보호절차에 해당한다.[3]

그리고, 연구종료 후 추가관찰을 실시할 경우 연구자는 동의서를 획득할 때 연구대상자의 추가관찰 방문이 이루어지지 않을 때에는 가족에게 연락할 수 있다는 동의도 함께 확인하는 것이 바람직하다.[4]

---

3 Evan Derenzo 등 지음/최현일 등 옮김, 연구계획서 IRB 통과하기, 연세대학교 대학출판문화원, 2014, 307면 참조.

4 Evan Derenzo 등 지음/최현일 등 옮김, 연구계획서 IRB 통과하기, 연세대학교 대학출판문화원, 2014, 309면 참조.

[질적 사회과학연구]

자연적인 상황에서 발생한 사건의 의미를 포괄적으로 이해하려는 목적을 가지고 연구자가 현장에서 관심이 있는 사례를 의도적으로 선택하여 관찰하거나 심층면담을 수행하는 방식으로 이루어지며, 연구자와 연구대상자 사이에 친밀도가 형성됨. 연구의 설계단계에서 가설을 설정하고 자료를 수집하여 가설을 검증하는 것이 아니라, 연구가 진행되는 동안 잠정적 가설을 부단히 형성·수정·재해석하는 과정을 거치게 됨. 연구대상자의 연구 참여가 자발적이었다 하더라도 민감한 개인정보의 공개는 비밀보장의 파기 위험이 있기 때문에 허용되어서는 안 됨. 예컨대, 1960년 *Small Town in Mass Society* 란 책에서 비디치와 벤스맨은 뉴욕 북구 소도시 주민들의 사적인 삶을 상세히 보고하였는바 비밀보장이 지켜지지 않았음. 그리고 1970년 *Tearoom Trade*란 책에서 험프리즈가 개인식별정보를 분리시키고 모든 이름을 제거하였지만 사생활 침해라는 비난을 받았음. 또한, 공공장소나 인터넷 채팅방과 같이 다른 사람이 보았을 때 사적이라고 생각하지 않을 수 있는 상황에서도 매우 사적인 행동이 일어나는 장소가 될 수 있다는 사실을 연구자는 고려해야 함. 특히, 연구자가 관찰대상이 되는 활동에 참여함으로써 연구자인 동시에 연구대상자로서 이중 역할을 하는 관찰연구의 경우, 연구대상자도 모르는 사이에 관찰을 통해 개인식별정보가 수집된다면 연구대상자에 대한 사생활 침해가 있게 됨. 이러한 연구자의 관찰행위가 윤리적으로 허용될 수 있는지는 연구대상자에 대한 사생활 침해가 그 연구의 잠재적 이득에 의해 정당화되는지 그리고 데이터 수집 후에 알려질 질문에 대한 연구대상자의 답변에 달려 있음.

3) 역학·공중보건 연구

역학·공중보건 연구는 연구대상자나 집단에 대해 설문조사(또는 면담)나 데이터의 사용(예: 조직 샘플, 의무기록)을 통해 알고자 하는 정보를 이끌어 내는 것으로 연구대상자의 사생활보호와 비밀보장이 중요하다. 특히, 집단 간 비교 연구의 경우에는 연구결과로 인해 낙인찍기가 일어날 수도 있다. 집단에 대한 위해는 집단에 포함된 모든 개인의 식별자를 제거하였다고 하더라도 발생 가능하다는 사실을 연구자는 인식하여 사회적 약자 또는 오명의 가능성이 있는 질병이나 상태에 대해 연구를 수행할 경우 집단에 대한 위해를 반드시 고려한다는 점과 해당 집단으로부터 자문을 받거나 그 집단을 대표할 수 있는 구성원을 연구 전체과정에 참여시켜 대상 집단의 명예와 사생활 보호를 철저히 하겠다고 동의서에 기재해야 한다.

연구대상자의 사생활 보호와 비밀보장을 위해 연구자는 정보에 대한 부적절한 접근과 권한이 없는 정보공개에 대한 우려를 이해하여야 하고 수집 및 사용 중인 정보에 대해 비밀을 유지하기 위한 절차를 마련해야 한다. 따라서, 연구자는 설명문 동의서에 ① 수집되는 개인식별정보의 유형, ② 개인식별가능한 자료에 접근할 수 있는 주체, ③ 연구대상자 식별코드와 연구자료 분리를 위해 사용하는 코드 또는 암호의 유형, ④ 접근 제한조치에 대한 확신 방안, ⑤ 연구대상자의 사생활 보호와 비밀보장을 위해 팀원인 연구원들이 받을 훈련의 유형, ⑥ 개인식별정보 또는 개인식별코드의 연결의 유지기간, ⑦ 물리적 또는 전산으로 전송되는 데이터에 대한 암호화 방법, ⑧ 문서의 파기 · 폐기를 위한 절차 등을 기재해야 한다.

4) 지역사회 기반 또는 참여 연구[5]

지역사회 기반 또는 참여 연구는 연구자의 연구 센터가 아니라 자신의 지역에 거주하는 연구대상자에 대한 연구이다. 이에 연구자는 연구대상자와 동등한 동반자 관계를 수립하면서, 지역사회 내에서 제기되는 구체적인 문제나 관심 사안을 다루기 때문에 임상연구 수행 시 매우 독특한 윤리적 문제를 제기한다는 사실을 연구자는 인지해야 한다. 이 연구 대부분은 민족학적 연구방법론을 사용하거나 그 밖에 질적 방법론을 이용한다.

민족학적 연구방법론은 의학 특히 정신과학에서는 형식적인 결과분석보다는 질병과 이에 수반되는 의학적 개입이 가지는 이해의 폭을 넓히는 데 이용되고 있고 음성 녹음과 사진, 비디오 녹화를 자주 이용한다. 따라서, 연구자는 녹음 및 녹화할 경우에는 먼저 이에 대한 동의를 얻고 적절한 절차에 따라 녹음 및 녹화 자료의 파기 · 공유 · 보관 문제를 동의서에 반드시 기재해야 한다. 만약 녹음 및 녹화 자료를 식별자를 가리고 연구자가 출판하는 경우라면 그 녹음 및 녹화 자료 원본에 대한 비밀보장 보호계획이 동의서에 반드시 기재되어야 한다.

---

5 Evan Derenzo 등 지음/최현일 등 옮김, 연구계획서 IRB 통과하기, 연세대학교 대학출판문화원, 2014, 381면 참조; Elizabeth A. Bankert 외 엮음/이경훈 옮김, IRB란 무엇인가?, 지코사이언스, 2011, 687, 697면; Cynthia McGuire Dunn & Gary L. Chadwick, *Protecting Study Volunteers in Research*, CenterWatch, 3rd ed., 2004, 97~101면 참조.

음성 녹음과 비디오 녹화인 경우에는 면담 도중 언제든지 녹음과 녹화가 연구대상자의 요청으로 중단될 수 있다는 점, 그룹 전체가 대상인 경우에는 모든 구성원이 동의해야 하고 구성원 중 한 명이라도 중단을 요청할 수 있다는 점, 녹음과 녹화된 자료가 어떻게 사용될 것인지 그리고 어떻게 보호될 것인지가 구체적으로 동의서에 기재되어야 한다.

그리고 낙인이 찍힐 수 있는 주제(예: 약물 중독)나 민감한 사회적 차별에 관한 주제(예: 게이나 레스비언)인 경우에는 연구대상자의 비밀 보장이 매우 중요하므로 연구자는 동의서 면제를 IRB에 요청하여 연구대상자를 보호할 수 있다. 반면에 지역사회의 지도자나 시민운동가는 지역사회 변화의 과정을 자신들 스스로 선도할 수 있도록 자신의 이름이 실명으로 공개되는 것을 더 선호하기도 한다는 사실을 연구자는 인식해야 한다.

지역사회 구성원과 지역사회 자체의 익명성 보장도 중요하기 때문에 연구자는 개인식별정보 수집을 하지 않을 수 있고, 가명을 사용하거나 성별이나 나이 정보만을 수집할 수 있고, 중간 규모의 동서 지역에 위치한 도시와 같은 가상 이름을 사용하여 비밀을 보장할 수 있다.

민감하고 당황스럽거나 불화를 야기하는 연구결과 발표로 인한 의도치 않은 결과에 대해서도 연구자는 신중하게 고려하고 동의서에 이를 기재하는 것이 바람직하다.

CIOMS 지침 7: 지역사회의 참여

연구자, 의뢰자, 보건당국들과 관련 기관들로 하여금 지역사회들을 연구를 위한 '의미있는 참여과정'에 들어오도록 해야 한다. 여기서 '의미있는 참여과정'은 연구의 설계, 개발, 집행, 충분한 정보에 의한 동의과정의 설계, 연구의 모니터링에 그리고 연구결과의 배포에 초기에 그리고 지속적 방법으로 그들을 포함시키는 것을 말한다.

5) 인터넷 이용 연구[6]

인터넷 이용 연구에는 인터넷을 통한 대상자 모집, 인터넷 활동에 대한 관찰, 인터넷을 통한 데이터 수집이 있다. 인터넷 이용 연구에 있어서 가장 곤란한 점은 연구자가 연구대상자로부터 동의서를 어떻게 획득할 것인가이다. 특히, 인터넷 활동에 대한 관찰연구에 있어서는 쿠키와 방문 웹사이트 추적 기능을 통해 대상자의 온라인 토론그룹 참여를 관찰하거나 웹사이트 방문자에게 인구학적 정보를 제공하도록 요구하기 때문에 연구대상자의 동의서 획득, 사생활보호와 비밀보장 문제가 제기된다. 인터넷을 통한 데이터 수집 연구에 있어서는 동의획득 방법과 비밀보장 방법이 제시되어야 하고 미성년자들의 참여가능성을 연구자는 인지해야 한다.

연구대상자의 사생활 보호와 관련하여서는, 연구대상자의 온라인 토론 그룹 참여의 관찰과 웹사이트 방문자에게 인구학적 정보를 제공하도록 요구하는 것을 통해 인터넷 사용정보 및 사용자 정보기록과

6 Elizabeth A. Bankert 외 엮음/이경훈 옮김, IRB란 무엇인가?, 지코사이언스, 2011, 671~676면 참조.

사용자 댓글에 대한 정보수집 행위를 포함하는 인터넷 활동에 대한 관찰연구에서 주로 발생한다. 인터넷 활동 참여자 대부분이 대화명, 고유번호와 같은 필명을 이용하지만 이것이 익명화되었다는 것을 의미하지는 않기 때문에 실제 이름과 공개적으로 연결되지는 않지만 누구 누군지는 검색 엔진을 이용하여 손쉽게 알아낼 수 있다. 이것은 「개인정보 보호법」 제2조의 '해당 정보만으로는 특정 개인을 알아볼 수 없더라도 다른 정보와 쉽게 결합하여 알아볼 수 있는 것을 포함하는 개인정보'에 해당하고 사생활보호의 대상이 된다. 예컨대, 대화방에서도 참여자는 자신의 사생활이 보호되기를 기대하고 연구자가 자신의 활동을 조사하기를 원하지 않는다. 따라서, IRB는 자신의 사생활보호에 대한 연구대상자의 합당한 기대를 충족할 수 있는 방안이 마련되어 있는지를 고려해야 한다.

연구대상자의 비밀보장은 인터넷을 통해 데이터를 제출하도록 하는 인터넷을 통해 수집된 데이터 연구에서 주로 발생한다. 특히, 이메일을 통해 보내진 데이터는 추가조치 없이는 익명성을 유지할 수 없다. 웹서버 속성상 관련 웹사이트에 방문하는 사람들에 대한 개인정보는 자동적으로 저장되며, 해당 정보에 다른 사람들이 접근할 수 있다. IRB는 인터넷 데이터의 익명성이 어떻게 획득될 것인지에 대한 연구자의 설명과 관련 절차의 적절성을 평가해야 한다.

연구자는 연구가 시작되는 화면 앞에 설명문 동의서를 먼저 게시하고, 동의서에는 ① 자료의 보안과 비밀유지 방침, ② 제3자와 자료 공유 시 공유 조건 및 공유 가능의 경우, ③ 서버에 연구자료를 보관하는 경우 식별자는 반드시 따로 분리한 후 암호화한 상태로 보관한다는 사실, ④ 백업 데이터는 외부에서 접근이 어렵고 연구팀에서도 일부의 담당자만이 접근할 수 있는 안전한 장소에 보관하고 자료의 보안을 주기적으로 점검한다는 사실, ⑤ 연구자료 폐기 시 어떠한 방식으로도 재건되지 않도록 하겠다는 사실, ⑥ 연구참여에 대한 보상이나 인센티브 제공 시 연구대상자의 신원을 밝히지 않거나, 연구대상자가 제공한 정보와 신원이 연결되지 않도록 하는 절차를 마련하겠다는 사실 등을 기재해야 한다.

그리고 인터넷 속성상 100% 보안을 보장할 수 없기 때문에 "당신이 제공한 정보에 대한 비밀은 가능한 최선의 기술적 방식으로 보장될 것입니다. 그러나 인터넷상에서 제3자에 의해 정보가 해킹될 수 있는 가능성을 완전히 배제할 수는 없습니다." 또는 "이번 연구는 인터넷상에서 정보가 교환되는 경우를 포함합니다. 가능한 최선의 기술적 방식으로 정보교환 시 발생할 수 있는 보안문제를 예방하려고 합니다. 그러나 인터넷의 속성상 이를 완전히 보장할 수는 없습니다."라는 문구를 설명문 동의서에 기재하는 것이 바람직하다.

그리고 만약 동의서를 획득하는 것이 연구대상자의 사생활보호와 비밀보장이라는 측면에서 바람직하지 않거나 물리적으로 가능하지 않은 경우 연구자는 동의서 면제를 IRB에 요청할 수 있다. 또, 만약 예상되는 위험이 최소위험 이하인 경우 연구대상자에게 동의 관련 정보를 제공하고 연구대상자가 연구에 참여하겠다는 의사를 밝히는 것을 동의로 간주할 수도 있고, "동의한다"와 "동의하지 않는다"라는 버튼을 웹페이지에 추가하여 연구대상자가 직접 연구참여에 동의하는지 여부를 확인하는 방법을 연구자는 사용할 수도 있다.

이러한 인터넷 이용 연구는 ① 다룰 수 있는 자료나 정보의 범위가 넓다는 점, ② 대량의 자료나 정보를 수집할 수 있다는 점, ③ 통상적으로 오프라인에서 쉽게 구할 수 없는 자료나 정보를 수집할 수 있다는 점, ④ 자료나 정보의 수집이 상대적으로 용이하다는 점, ⑤ 자료의 성격이 내재적인 편향성을 보일 수 있다는 점, ⑥ 연구결과를 상대적으로 용이하게 조정할 수 있다는 점, ⑦ 조사 자체가 연구 결과에 영향을 미칠 수 있다는 점, ⑧ 가상현실에서 이루어지는 관계로 진정성이 떨어질 수 있다는 점 등의 특징을 가진다.

CIOMS 지침 22: 건강 관련 연구에서 온라인 환경과 디지털 도구로부터 획득된 데이터의 사용

연구자로 하여금 건강 관련 연구를 위한 정보를 획득하기 위하여 온라인 환경과 디지털 도구를 사용할 때에는 개인정보가 직접적으로 노출되거나 그렇지 않다면 데이터세트가 출간되거나, 공유되거나, 결합되거나, 링크될 때에 추론될 수 있는 가능성으로부터 개인을 보호하기 위해 사생활을 보호하는 방법을 사용하도록 의무지우고 있다. 사생활 보호방법으로 연구자는 ① 연구의 사생활 침해위험 평가, ② 이러한 위험을 가능한 한 완화, ③ 연구계획서에 남아있는 위험 기술, ④ 연구의 모든 단계에서 수집한 데이터와의 상호 작용을 예상하고, 통제하고, 모니터하고, 심사해야 할 것을 규정하고 있다. 또한, 연구자는 자신의 데이터가 온라인 환경에서 연구의 맥락에서 사용될 수 있는 개인에게 ① 데이터와 정보의 의도된 사용의 목적과 내용, ② 데이터를 보호하기 위해 사용된 사생활 보호와 보안 방법과 모든 관련된 사생활 침해의 위험, ③ 사용된 방법의 한계와 안전장치가 있음에도 불구하고 남아있을 수 있는 사생활 침해의 위험에 관한 충분한 정보를 제공할 것을 의무지우고 있다.

6) 실험연구

실험연구는 변인들 사이의 인과관계를 추론할 수 있는 유일한 연구방법론으로, 가상적인 상황을 임의로 만든 후에 연구대상자들에게 일정한 실험자극을 가하여 연구대상자들의 태도나 행동에 나타난 변화를 조사하는 방식으로 진행된다. 즉, 실험은 실험자가 인위적으로 특정한 변인을 조작하여 그 영향을 파악하는 방법으로, 비교적 제한적이고 잘 정의된 가설을 검증하는 경우에 주로 활용된다.

실험연구에 있어서 연구자와 IRB는 다음 사항을 고려해야 한다:

① 실험의 설계에 속임수가 포함된 경우

실험연구에서도 연구대상자에게 실험의 목적 및 절차에 대한 충분한 정보를 제공하고 연구대상자의 자발적인 동의를 획득하는 것이 원칙이다. 그러나 연구대상자가 실험의 목적을 알면 다르게 행동할 가능성이 있어, 실험을 통하여 알아보려고 하는 연구주제에 대한 연구가 불가능한 경우에 연구대상자를 속이게 된다. 연구대상자에게 심각한 심리적 또는 신체적 피해가 발생할 가능성이 있는 유형의 속임수는 명백히 비윤리적인 것으로 실행되어서는 안 된다. 최소위험만이 발생할 가능성이 있는 속임수라고 하더라도, 속임수를 포함하지 않는 다른 방식으로 실험을 설계할 수는 없는지, 실험을 통하여 얻을 수 있는 잠재적 이득이 연구대상자에 대한 윤리적 침해를 정당화할 수 있는지 충분히 살펴봐야 한다. 실험의 목적 및 설계상 속임수를 피할 수 없는 경우에는, 실험이 종료된 후에 가급적 빨리 연구대상자에게 실험의 진정한 목적과 실험자극, 실험의 설계상 속임수의 필요성 등에 관하여 자세히 설명해야 한다(이 과정을 'debriefing'이라 함). 또한 연구대상자가 제기한 어떠한 질문에도 성실히 답변하여 오해가 발생하지 않도록 최선을 다해야 한다.

② 실험에의 참여로 발생할 수 있는 위험

속임수가 사용되지 않은 실험의 설계라고 하더라도, 연구대상자는 실험이 진행되는 과정에서 일상적이지 않은 상황에 놓이게 될 가능성이 높다. 즉, 최소위험만이 발생할 가능성이 있는 윤리적으로 설계된 실험에서조차도 연구대상자는 일반적이지 않은 이상한 경험을 하게 되며, 그 과정에서 예상하지 못한 심리적 피해가 발생할 수 있다. 따라서 이러한 잠재적 위험에 대비하여 추가적인 설명이나 상담 등의 적절한 절차가 마련되어 있는지 반드시 살펴봐야 한다.

③ 대학생 연구대상자의 보호

실험실에서 이루어지는 대부분의 실험은 대학생 연구대상자를 대상으로 하고 있다. 일반적으로 대학에서 심리학 교과목을 수강하는 학생들을 대상으로 보너스 점수 등을 부여하는 방식으로 연구대상자를 모집하고 있다. 이러한 경우에 실험에 참여 및 중단할 수 있는 연구대상자의 자유가 충분히 보장되어 있는지 면밀히 따져봐야 한다. 설명문 동의시에 연구에의 자발적인 참여 및 중단이 명시되어 있다고 하더라도 이것만으로는 충분하지 않고, 실질적으로 연구대상자가 아무런 불이익 없이 연구에의 참여 및 중단을 결정할 수 있는지 고려해

야 한다.[7]

④ **실험집단과 통제집단의 배정**

실험집단은 실험자극을 받는 집단을 의미하고, 통제집단은 실험에 참여하고 있으나 실험자극을 받지 않는 집단을 의미한다. 실험연구에서도 종속변인에 나타난 변화가 실험자극으로 인한 것인지 여부를 명확히 하기 위하여 실험집단과 통제집단을 나누고 두 집단의 종속변인을 측정하여 비교하는 방법이 활용되고 있다. 무작위 배정(연구대상자들 모두에게 번호를 부여한 후에 난수표를 활용하여 무작위로 실험집단을 선정하는 방식)과 이중눈가림(실험자와 연구대상자가 모두 실험집단과 통제집단에 속하여 있는 연구대상자를 모르는 형태)이 주로 사용된다.

7) 교육학 연구

교육학 연구는 초·중·고의 정규수업과 같은 일상적 교육환경에서 수행되기 때문에 연구대상자인 학생 입장에서는 최소위험 이하의 연구에 해당하지만, 수업 관찰은 촬영을 기본으로 하고 있기 때문에 학생의 개인식별정보를 수집하므로 충분한 정보에 의한 동의를 받아야 한다. 학생 본인의 동의뿐만 아니라 「생명윤리 및 안전에 관한 법

---

7 대학생을 연구대상자로 할 경우에는 강제성과 비밀보장이 IRB 심의의 주요 고려사항이다. 예컨대, IRB는 연구참여와 보고서 제출과 같은 대안 제시 여부, 개별 학생 접촉을 통한 모집보다는 참가신청목록이나 게시판을 통한 모집 제시 여부, 연구참여에 따른 위험/연구와 관련된 시간 및 노력/불편감과 비슷한 수준의 참여 비용 제공 여부, 대상자 중 일부는 미성년자일 수 있다는 사실과 이에 따른 대리동의 획득 여부, 의료정보/자부심/우울증/마약 사용 등 민감한 조사 수행에 따른 연구자료 보관 절차 등 비밀보장 조치 여부 등을 중점적으로 심의해야 한다. 이에 대한 자세한 내용은, Elizabeth A. Bankert 외 엮음/이경훈 옮김, IRB란 무엇인가?, 지코사이언스, 2011, 657-660면 참조.

률」 제16조 제2항에 따라 반드시 법정대리인인 부모의 동의도 받아야 한다. 또한 IRB는 수업 관찰의 녹화된 자료뿐만 아니라 특정교수법 적용 후 반응을 면담을 통해 확인한 경우에는 음성녹음자료의 보관 및 관리 방안이 연구계획서와 설명문 동의서에 기술되어 있는지 검토해야 한다.

교육학 연구에서 교사가 연구자가 아닌 경우 원칙적으로 학생 동의과정에 교사가 관여해서는 안 되며, 모든 동의절차는 연구자에 의해 이루어져야 한다. 교사의 연구참여 독려는 학생과 학부모의 자발적 연구참여를 방해할 수 있다. 예컨대, 연구자가 모집 대상 학생들이 있는 학교에 연락을 취하여 승인을 얻은 후 직접 교실에 가서 학생들에게 연구 취지를 설명하고 동의서를 받는 것이 최상의 방법이다. 동의서 획득 시에는 부모의 동의도 필요하므로 학생들에게 부모 동의서를 함께 제공하여 서명 받은 후 연구참여 여부에 상관없이 밀봉한 봉투에 넣어 제출하도록 한다. 이럴 경우 교사가 연구에 개입하는 경우는 없게 될 것이다. 그러나 교사가 연구자인 경우에는 해당 교사가 동의 과정에 참여하므로, 설명문 동의서에 학생의 연구참여는 자발적이며 아무런 불이익(성적, 수업 참여 등) 없이 동의 철회를 통한 참여 중지가 가능함을 명확히 설명문 동의서에 기술해야 한다. 대학의 경우에는, 연구자인 교수가 자신의 강의를 듣는 학생이나 동일 학과 학생을 대상으로 교수법 개선을 위한 연구 등을 수행할 경우 학생들의 자발적 참여가 제한될 수 있기 때문에 연구자는 자신의 수업을 듣지 않는 학생이나 다른 학교의 동일 학과 학생을 연구대상으로 하거나, 충분한 정보에 의한 동의의 획득 과정에 연구자가 직접 개입하지 않는 방법으로 학생들의 자발적 참여를 보장해야 한다.

교육학 연구는 연구대상자인 학생들의 수업권과 관련된다. 특히, 수업시간에 연구가 수행되는 수업이 곧 연구인 경우에는 연구참여의 거부는 수업참여의 거부가 되기 때문에 연구자는 학생들의 수업권이 유지될 수 있는 조치를 취해야 한다. 충분한 정보에 의한 동의 획득 시 학생들의 수업권 보장과 연구참여의 자발성 보장 간에 적절한 균형을 이루도록 연구자는 배려해야 한다.

VIII. IRB 소송

학습목표

- IRB 소송의 제기 원인과 IRB 소송의 이해
- 제기된 IRB 소송의 유형 및 내용의 이해

1. IRB 소송의 제기 원인

IRB는 미국에서 1974년에 의무적으로 설치된 이래 수십년간 별 문제없이 본연의 기능을 수행하였고, 그 결정이 소송의 대상이 되지도 않았었다. 그러던 중, 1998년에 미국 보건복지부 감찰국은 IRB에 관한 1년간의 연구 끝에 "IRB: 개혁을 위한 시기(Institutional Review Boards: A Time for Reform)"란 보고서를 작성하였다. 이 보고서에서 감찰국은 ① 과도한 업무부담, ② 충분한 심의를 위한 전문성 결여, ③ 연구계획서를 승인하려는 경향, ④ 위원들에 대한 불충분한 교육 제공 등을 이유로 IRB를 신랄하게 비판하였다. 또한, 연구환경의 변화(생명의료연구의 급격한 증가, 연구 프로젝트 수의 급격한 증가, 연구 감시와 관련된 이슈들의 복잡화 등)로 인해 IRB의 심의결정을 법적으로 다투는 데 대한 관심이 증가하게 되었다. 그 밖에, IRB 업무량의 급격한 증가, IRB 업무를 수행하기에 충분하지 못한 인적·물적 자원, 다국적·다기관 임상시험의 급격한 증가, IRB 위원들 간 및 해당 기관과 IRB 간의 이해상충 등을 IRB 소송의 제기 원인으로 들 수 있다. 이에 따라 연구대상자, 연구에의 참여가 거부된 사람, 연구자 등이 IRB 및 IRB 위원을 상대로 소송을 제기하기 시작하였다. IRB 소송(=IRB 및/또는 IRB 위원을 소송의 피고로 거명하여 제기하는 소송)[1]이 제

1 박수헌, 임상시험심사위원회(IRB) 위원이 소송의 대상이 될 수 있는가?: Robertson v. McGee 사건(2002 WL 535045(N. D. Okla., Jan. 28, 2002)), 법제 제594호, 법제처, 2007. 6, 162면 이하 참조; 박수헌, 임상시험심사위원회 및 그 위원들의 책임에 관한 미국 판례 및 소송제기원인의 고찰, 공법학연구 제8권 제3호, 한국비교공법학회, 2007. 8, 521~538면 참조; 박수헌, 미국에

기된 경우 IRB 심의의 질이 소송의 원인뿐만 아니라 본안 판단에서도 중요한 요소로 작용하게 된다.

2002년 미국 역사상 처음으로 Robertson v. McGee 사건에서 개별 IRB 위원들이 소송에서 피고로 거명되면서 IRB에 대한 일반 공중의 압력이 전례없는 수준으로 고양되었다. 이에, 많은 평석자들은 IRB에게 법적 책임을 묻게 되면 IRB 위원 위촉의 어려움, 연구비용의 증가, 잠재적 소송에 대한 IRB 위원의 두려움에 따른 심의에 있어서의 소극적(방어적) 입장 등을 초래하게 되어 문제가 될 것이라고 주장하였다. 이와는 반대로, IRB와 IRB 위원들을 피고로 거명하는 사건들이 많이 제기되어 왔지만 본안 판단에서 이들은 연구대상자의 손해에 대해 2차적 역할만을 수행하였다고 인정되어 여태까지 이들의 법적 책임이 실제로 문제된 적은 거의 없었다고 주장하는 평석자도 있다. 즉, 연구에서 직접적 참여자가 아니라 감시기구가 된다는 것은 원고로 하여금 IRB가 법적 책임이 있다고 주장하기에 어려움을 초래한다는 것이다.

인간대상연구에 있어서 연구대상자 보호를 위한 윤리원칙을 최초로 규정한 뉴렘버그 강령이 1947년 발표되었지만 미국에서의 인간대상연구에는 거의 영향을 미치지 못하였다. 왜냐하면, 미국의 연구자들도 이 강령을 알고 있었지만 자신들은 나치와 다르며 그러한 연구를 수행하지 않을 것이라고 판단하여 자신들의 연구에 이 강령이 적용되지는 않을 것이라고 여겼기 때문이다. 따라서 미국의 연구자들은 스스로의 규제(=자율규제)를 통해 충분히 연구대상자 보호가 가능

서의 IRB 소송과 소송 이외의 보호수단에 관한 소고, 법제연구 통권 제40호, 2011. 6, 365~394면 참조.

하다고 믿으면서 연구를 수행하였다.

그러나, 터스키기 매독연구, 윌로브룩 연구, 유대인 만성질환 병원 연구 등에서 자율규제가 아무런 역할을 할 수 없는 것으로 판명되었다. 연구자 스스로의 자율규제는 인간대상연구에 있어서 연구대상자 보호를 위해 아무런 역할을 하지 못하였고, 오히려 연구목적을 달성하기 위해 연구대상자를 존엄성을 가진 인간이 아니라 한낱 실험실 동물로 취급하였음을 알 수 있다. 위 사례들은 아무런 감시·감독 없는 자율규제의 위험성을 적나라하게 나타낸 예들이다.

[윌로브룩(Willowbrook) 연구]

1956년부터 1971년 사이에 중증 장애아 및 청소년 학교인 미국 뉴욕 윌로브룩 공립학교에서 수행된 연구로 간염으로부터 사람들을 보호할 방법을 찾기 위해 수행되었는데, 연구자는 이 학교에 입학하려는 다수의 지적 장애 아동들을 고의로 간염에 감염시킴. 이 연구를 옹호하기 위해 연구자는 모든 연구대상자들의 부모들로부터 동의를 받았다고 주장. 그러나, 사실은 많은 부모들이 자신들의 자식들이 그 시설에 수용될 수 있도록 하기 위해 강제적으로 동의를 하였던 것임.

[유대인 만성질환 병원 연구]

1963년의 유대인 만성질환 병원 연구에서 연구자는 살아있는 암세포를 만성질환을 가진 동의를 하지 않은 환자에게 주사. 연구자는 "어떠한 환자도 암 발생 위험에 처하지 않았다"고 주장함으로써 그 연구를 옹호.

연구자의 이러한 비윤리적 연구 수행의 금지와 이러한 자율규제에 따른 연구의 남용에 관한 우려를 나타내는 대중적 관심을 충족시키기 위해 미연방정부는 인간대상연구에 대한 감시 규제를 정립함으로써 자율규제에 제동을 걸게 되었다. 1974년 「국가연구법」의 제정과 연방규정들을 잇따라 제정하였다. 그럼에도 불구하고, 1999년 9월 17일 제시 겔싱어가 미국 펜실베니아 대학교 인간 유전자 치료기관에서 1단계 유전자치료 시험에서 사망한 사건(앞의 Ⅱ. 7. 참조), 2000년 7월 연방의 자금지원을 받던 오클라호마 대학교 건강과학센터의 멜라노마암 치료백신 개발 연구(아래 맥기 사건 참조), 2001년 6월 2일 건강한 연구대상자인 엘렌 로쉬가 존스 홉킨스 대학이 수행한 천식 연구를 위한 헥사메토니윰 임상 1상 시험에서 호흡곤란으로 사망한 사건은 정부규제의 실패에 따른 인간대상연구의 남용에 관한 사례로 들 수 있겠다.

[엘렌 로쉬(Ellen Roche) 사건]

이 사건에서 연구자는 과거에 혈압을 낮추기 위해 사용되었었던 약이 천식에 효과적인지 여부를 결정하기 위해 이 연구에서 실험. 미국 보건복지부 연구대상자 보호국(OHRP)이 시험약인 헥사메토니윰에 관한 충분한 문헌 심사를 수행하지 못하였고 연구대상자인 엘렌이 임상시험 도중에 기침을 시작하였었다는 것을 IRB에 고지하지 않은 데 대해 연구자에게 경고한 사건이고, IRB도 그 연구에 대한 충분한 심의를 수행하지 못하였고 불충분한 동의서를 승인한 데 대하여 경고받은 사건.

2. 맥기 사건 [Robertson v. McGee, 2002 WL 535045 (N. D. Okla., Jan. 28, 2002)]

이 사건은 오클라호마 대학교 보건과학센터-툴사 캠퍼스 소속의 외과 조교수인 맥기 박사에 의해 수행된 멜라노마 세포암 연구로 진행 중인 멜라노마 암 백신 임상시험을 잘 알고 있던 간호사가 동 연구에서의 수많은 연방규정 위반 사실들을 주장한 것이다. 이에 보건복지부 연구대상자 보호국(OHRP)은 ① IRB 위원장이 연구계획서의 소급적 변경을 일방적으로 승인하였다는 것을 확인하였고, ② 지속심의요건이 충족되지 않았다는 것을 확인하였으며, ③ 취약한 집단의 보호, 사생활보호와 비밀유지, 인체유래물의 획득에 관한 충분한 정보에 의한 동의도 없었다고 확인하여 이 임상시험을 취소하였다. 그 후 18명의 원고(연구대상자, 그 가족들, 변호인들 포함)는 임상연구 의뢰자인 동시에 연구책임자인 맥기 박사, IRB 위원 전원, IRB 등을 피고로 연방지방법원에 소송을 제기하였다.

동 사건은 맥기 박사에 의해 수행된 멜라노마 세포암 연구에 참여한 연구대상자들이 연구자뿐만 아니라 병원 IRB 위원 전원을 피고로 하여 제기한 소송이다. 동 사건은 IRB 위원이 피고로 직접 거명된 최초의 사건이다. 원고들은 연구대상자 보호를 위한 연방규정의 미준수, 실험용 백신의 동의없는 주입(폭행죄에 해당한다고 주장), 연구대상자의 존엄권 침해 등을 이유로 소송을 제기하였다. 특히 IRB 위원들에 대해 자신들의 임무(연구계획서 검토, 연구자의 자격심사, 임상시험의 운용 심사, 연구대상자의 보호 보장, 연구계획서 수정안의 심사, 적절한 보고의 보장, 임상시험 윤리기준의 준수 보장 등)를 소홀히 하였다고 원고들은 주장하였다.

이에 법원은 사물관할권 위반으로 원고의 주장을 각하하였다. 즉, 연방법 하에서 원고는 타당한 소인(cause of action)을 가지고 있지 않으며, 연구의 대상자로 되는 것에 동의한 사람들이 존엄성 있게 취급되어야 하는 어떠한 헌법상 권리도 없다고 판시하였다. 또한 동 사건은 연구대상자가 IRB 위원을 직접 소송의 상대방으로 지명한 최초의 사건으로서, IRB 위원도 소송의 상대방이 될 수 있는 가능성을 열어 놓았다는 데에 그 의의를 찾을 수 있을 것이다.

3. 그림스 사건[Grimes v. Kennedy Krieger Institute, Inc., 782 A.2d 807(Md. 2001)]

이 사건은 아동의 혈중 납 페인트 감소 과정에 관한 연구와 관련되며, IRB에 의해 승인된 동의서는 아동의 혈액에서 납이 축적될 예상 위험에 대해 철저하고 명확한 설명을 아동과 부모에게 제공하지 못하였다. 동 사건에서 IRB가 피고로 거명되지는 않았지만, 법원은 IRB가 자신의 책임을 포기하였다고 비난하였다.

4. 메이슨 사건 [Mason v. IRB for Human Research, Medical University of South Carolina, 953 F.2d 638 (4th Cir. 1992)]

11살 자폐아인 애쉴리 메이슨은 남가주 의과대학의 실험연구 프로그램에 휴 푸덴버그 박사의 감독 아래 참여하고 있었다. 동 프로그램은 건강한 기증자의 백혈구 세포로부터 추출된 전이요소를 면역체계 결핍으로 고통받는 사람들에게 주입하는 것을 포함하고 있었다. 1989년 5월 동 대학 IRB는 푸덴버그 박사의 연구를 중지할 것을 명령하였다. 이에 애쉴리는 IRB로 하여금 푸덴버그 박사의 연구를 중지시키지 못하도록 IRB에 대한 소송을 제기하였다. 이에, 지방법원은 푸덴버그 박사의 감독 하에 환자를 치료하는 것을 IRB가 금지하지 못하도록 하는 원고의 청구를 인용하였다.

그러나, 연방항소법원은 연방지방법원의 판결과는 달리, IRB에 대한 금지가 부적절하게 허용되었기 때문에 그 금지를 허용하지 않는다고 판시하여, 동 사건을 지방법원에 파기환송하였다. 파기환송의 논거로 연방항소법원은 소의 이익의 결여를 제시하였다. 왜냐하면, 애쉴리는 원하던 모든 실험적 치료를 현재 받고 있고 다른 IRB의 감독 아래 대학과 푸덴버그 박사의 실험적 치료를 받을 수 있도록 되었었기 때문에, 애쉴리는 더 이상 어떠한 법적 구제도 구하지 않았고, 어떠한 구제도 요청되고 있지 않기 때문이다.

5. 햄릿 사건 [Hamlet v. Genentech, No. 03 CVS 1161 (Orange County, North Carolina)]

건선 연구에 참여한 원고는 가짜약의 위험에 대한 고지를 받지 않고서 가짜약을 복용하였고 그것이 자신의 건선성 관절병에 어떻게 영향을 미칠 수 있는지에 대한 고지를 받지 않았다고 주장하면서 임상시험 의뢰자, 연구를 모니터링하는 임상시험수탁기관(Contract Research Organization, CRO), IRB, 연구책임자를 제소하였다. 특히, 원고는 IRB가 연구대상자와 신탁관계에 있었고 그러므로 항상 연구대상자의 최상의 이익을 위해 행동할 의무가 IRB에게 지워졌다고 주장하였다. 원고는 또한 IRB가 원고의 신탁인으로서 그에게 가짜약의 위험을 알리지 않고 이해상충을 밝히지도 않음으로써 원고에게 추정적 기망을 저질렀다고 주장하였다. 이에 법원은, IRB는 연구대상자가 그 연구에 참여하였다고 하여 그 연구대상자에 대하여 신탁의무를 지지는 않는다고 판시하였다.

6. 할리카스 사건 [James A. Halikas, MD v. the University of Minnesota; the IRB of the University of Minnesota, 856 F.Supp. 1331(D.Minn., 1994)]

이 사건은 자신의 연구에 대한 조사 및 연구 중지와 관련하여 대학과 대학 내 IRB 및 IRB 위원들을 상대로 더 이상 IRB 조사 결과를 배포하지 못하도록, 그리고 이미 배포된 보고서의 취소를 구하는 연구자인 할리카스 박사가 제기한 소송이다. 법원은 원고의 청구를 기각하였다.

7. 타운센드 사건[Townsend v. University Hospital-University of Colorado, 83 S.W.3d 913(Tex. Ct. App. 2002)]

콜로라도 대학교 병원과 1998년 1월 1일부터 1999년 5월까지 재직한 IRB 위원들이 피고로 거명된 사건으로, 원고들은 치료를 받는 도중 사망한 줄리아 카렌 타운센드 올리바레스의 죽음과 관련하여 충분한 정보에 의한 동의의 결여, 부주의, 오진료 등을 포함한 다양한 소송원인을 거론하면서 텍사스주 법원에 소송을 제기하였다. IRB 위원의 법적 책임에 관해서는 결정되지 않았지만, 항소법원은 관할권이 없다는 이유로 동 사건을 각하하였다.

8. 구킨 사건[Guckin v. Nagle, 259 F. Supp. 2d 406(E.D. Pa. 2003)]

2001년 가을, 그래쥬에이트 병원 소속 내이글 박사의 의료기기 임상시험에 참여한 아일린 구킨은 시험 도중 의료기기의 오작동으로 심각한 영구적 손상을 입었다. 이에 아일린은 병원, 내이글 박사, 12명의 IRB 위원을 피고로 불법행위 소송을 제기하였다. 12명의 IRB

위원은 익명화되었고, 이들은 부주의로 위 의료기기 임상시험을 승인하였다는 것이 소송 제기의 원인이었다. 이 사건은 연방법원의 관할이 아니라 하여 펜실베니아주 법원으로 이송되었고 IRB의 법적 책임의 인정 여부에 대해서는 여전히 공방 중이다.

9. 무어 사건 [Moore v. Regents of the University of California, 793 P.2d 479(Cal. 1990)]

무어는 1976년에 백혈병 진단을 받아 1976년부터 1983년까지 UCLA 병원에서 치료를 받았다. 치료 도중 담당 의사인 골디 박사는 무어의 혈액 등 인체유래물에서 암 치료 물질을 발견하여 연구를 할 목적으로 혈액과 골수를 계속 채취하였고 비장도 제거하였다. 물론, 이런 연구목적에 대해서는 무어에게 아무것도 알리지 않고 치료를 위한 것이라고만 하였다. 즉, 무어로부터 연구 참여에 대한 충분한 정보에 의한 동의도 획득하지 않았을 뿐만 아니라 인체유래물에 내재되어 있는 경제적 이익도 알려주지 않았다. 이후 골디 박사는 무어의 인체유래물에서 세포주를 확립하여 특허를 획득하고 거액을 벌게 되었다. 나중에 이런 사실을 알게 된 무어는 담당 의사인 골디 박사와 UCLA 병원 등을 상대로 자신의 인체유래물을 횡령하였다고 주장하면서 소송을 제기하였다.

이에 대해 법원은, 성인이고 건강한 정신을 가진 사람은 적법한 치료에 대한 결정을 위해 자신의 신체에 대한 통제권을 가진다. 치료를 위한 환자의 동의가 효력을 가지려면 반드시 충분한 정보에 의한 동의여야 한다. 환자의 동의를 획득하기 위해서는 의사는 환자의 결정에 중요한 모든 정보를 공개할 신탁의무를 지닌다. 치료를 하면서 연구를 할 계획을 가진 담당 의사인 골디 박사는 그것을 인식하였든 하지 않았든 상관없이 치료를 권고할 때 그것을 고려해야 하고 그것이 환자의 동의를 획득하는 데 핵심적인 것이다. 치료를 위해 환자의 동의를 구하는 의사는 신탁의무를 충족하고 환자의 충분한 정보에 의한 동의를 획득하기 위해 연구든 경제적이든 상관없이 환자의 건강과 상관없는 개인적 이해관계를 밝혀야 한다고 판시하였다. 따라서, 치료과정에서 무어로부터 채취한 세포 등 인체유래물에 대해서는 횡령을 근거로 소송을 제기할 수는 없지만, 신탁의무(fiduciary duty) 위반이나 충분한 정보에 의한 동의 위반에 근거하여 소송을 제기할 수는 있다고 하였다. 무어는 이 소송에서 환자와 의사 간의 신탁의무 위반(=무어의 충분한 동의 없이 연구를 계속 수행한 것이 신탁의무 위반에 해당)을 이유로 약간의 손해배상을 받았다.

법원이 현행법을 고찰한 후 횡령이라는 무어의 주장을 ① 환자로부터 제거된 어떠한 물질이라도 안전한 방법으로 처분되어야 한다고 명령하고 있는 캘리포니아주법은 제거된 인체조직에 대해 환자의 지속적 이익을 엄격히 제한하기 때문에 피고인이 받은 특허는 무어에게 속할 수 없다. 법원에 따르면, 이 법의 입법의도는 치료과정에서 제거된 어떠한 물질에 대해서도 환자의 소유권을 인정할 수 없다는 것이다. ② 재산을 횡령하는 것은 엄격한 불법행위에 해당하기 때문에 제거된 세포 등을 포함하도록 재산권을 확장하는 것이 의학연구에 대해 찬물을 끼얹는 효과를 가질지도 모른다. 연구를 수행하는 실험실은 많은 의료 샘플들을 수령하고 그 샘플들이 불법적으로 횡령되었는지 여부를 알고 발견하도록 기대될 수는 없다. ③ 무어는 자신의 신체 중 일정 부분을 팔 수 있는 법적 권리를 가지길 원하지만 그것은 비도덕적이다 등의 이유로 기각하였다.

그러나, 이 법원의 반대의견은 ① 무어의 신체는 고유한 것이고 윤리적 관점에 근거하여 무어는 자신의 세포와 조직에 대해서 재산상 이익을 가져야 한다. ② 최소한 무어는 피고인들이 그랬듯이 자신의 조직을 가지고 무엇인가를 할 수 있는 권리를 가졌다. 그것은, 조직이 제거되었을 때, 무어가 그 조직을 실험실에 팔 것을 선택하거나 폐기되도록 할 권리를 가졌다는 것이다고 하여 무어의 횡령 주장을 인정하였다.

10. 카탈로나 사건 [Washington University v. Catalona (Catalona Ⅱ)(490 F.3d. 667(8th Cir. 2007) cert. denied, 128 S.Ct. 1122(2008)][2]

1976년부터 2003년까지 카탈로나 박사는 미국 미주리주 세인트루이스에 있는 워싱턴 대학교에서 근무하면서 1983년부터 전립선암 연구를 위해 나중에 사용할 목적으로 수술 중 제거된 혈액과 조직 등 인체유래물을 수집하기 시작하여 학교 내에 있는 Genitourinary Biorepository(GB)에서 보관·관리·배분하였다. GB에 보관된 인체

2 이 사건에 대한 자세한 내용은, 박수헌, 커먼룰과 보관된 인체유래물에 관한 제공자의 권리, 생명윤리정책연구 제6권 제1호, 2012. 6, 1~23면 참조.

유래물은 유전자 연구에 참여하는 것을 서면동의한 사람들로부터 수집되었다.

2003년 카탈로나 박사는 미국 일리노이주 시카고에 있는 노스웨스턴 대학교로 직장을 옮기게 되어, 자신의 환자들과 제공자들에게 보관된 인체유래물을 노스웨스턴 대학교로 옮기는 데 동의할 것을 요청하는 편지와 Medical Consent & Authorization Form을 함께 송부하였다. 이 편지와 Medical Consent & Authorization Form은 워싱턴 대학교의 승인을 받지 않았고 이를 수령한 5~6만 명의 제공자들 가운데 약 6천 명이 카탈로나 박사에게 인체유래물을 제공해 달라는 이전동의서를 회신하였다.

2003년 8월 4일 워싱턴 대학교는 GB에 대한 소유권과 보관되어 있는 인체유래물의 소유권을 주장하기 위해 카탈로나 박사를 상대로 소송을 제기하였고, 카탈로나 박사도 자신에게 그 인체유래물을 이전할 수 있도록 제공자들의 권리 선언을 구하는 반대소송을 제기하였다. 2005년 4월 11일 제1심 법원은 ① 워싱턴 대학교가 인체유래물의 소유자였다, ② 카탈로나 박사도 제공자들도 워싱턴 대학교의 후원 하에 수행된 어떠한 연구계획서와 관련해서도 인체유래물에 대해 소유권을 가지지 않았다, ③ 카탈로나 박사가 작성하고 제공자들에 의해 서명된 인체유래물 이전동의서는 카탈로나 박사에게 인체유래물의 소유권을 이전하기 위한 법적 효력이 없다고 결론내리면서 워싱턴 대학교의 손을 들어 주었다.

이에 카탈로나 박사는 항소하였고, 항소법원은 "의학연구 목적을 위해 충분한 정보에 따라 특정 연구기관에 자발적으로 인체유래물을 기증한 개인이 그 인체유래물의 이전을 지시하거나 허용할 권한인 인체유래물에 대한 소유권을 가지는지 여부"를 쟁점으로 삼았다. 항소법원은 ① 연구대상자들의 유전적 암 연구에의 참여는 자발적이었고 연구 참여를 거절할 수 있으며 언제든지 동의를 철회할 수 있다고 강조한 동의서에 서명하였다는 사실과 워싱턴 대학교 로고가 있었다는 사실 등에 비추어 연구대상자들의 연구 참여에 따른 인체유래물 제공을 기증으로 그리고 자유롭고 관대한 증여로 성격 지웠다. ② 연구대상자들은 기증 시에 의심의 여지없이 자신들의 인체유래물을 워싱턴 대학교에 전달하였다고 언급만 하고서 더 이상 어떠한 분석도 하지 않았다. ③ 제공된 인체유래물이 더 이상 연구에 사용하지 말 것을 연구대상자들이 요청하면 그 요청에 따라 폐기되고 자신들이 재소유하지 않는다고 동의서에 기술되어 있으므로 워싱턴 대학교는 증여를 수령하였고 워싱턴 대학교의 소유는 즉각적이고 절대적으로 유효하다고 결론내리면서 워싱턴 대학교의 손을 들어 주었다.

11. 하바수파이 부족 사건 [Havasupai v. Arizona State University, 204 P.3d 1063(Ariz. Ct. App. 2008)]

어떤 기증자는 자신의 인체유래물을 사용하는 연구로부터 결과하는 인종 또는 민족적 집단의 모욕에 의해 해나 모욕을 느낄 수 있다. 이와 유사하게, 어떤 기증자는 자신의 인체유래물이 도덕적 또는 종교적 신념을 위반하는 방법으로 사용될 때 해나 모욕을 느낄 수 있다. 미국 원주민인 하바수파이 부족 사건에서 하바수파이 부족민들은 미국 애리조나 대학교에 있는 연구자들에게 수백 개의 혈액 샘플을 당뇨병 연구를 위해 제공하였다. 왜냐하면, 부족민들이 제2형 당뇨병 발병률이 비정상적으로 높기 때문이었다. 수년이 지난 후 애리조나 대학교 연구자들은 참여자들이 동의한 목적을 위한 사용에 따라 당뇨병과의 유전적 결합을 찾으려고 노력하였다.

그러나, 애리조나 대학교와 개별 연구자들에 대한 2004년 소송에서 연구에 참여한 부족민들은 연구자들이 정신분열증, 동종결혼, 부족민이 북미에 이주한 것과 그 역사를 연구하기 위해 샘플을 허락 없이 사용하였다고 주장하였다. 부족민들은 정신분열증과 동종결혼 연구는 자신들을 모욕한 것이라고 주장하고, 이를 미리 알았다면 그들은 이주 연구에 대해 결코 동의하지 않았을 것이라고 주장한다. 왜냐하면, 이런 연구는 자신들의 종교적 믿음과 직접적으로 충돌하기 때문이다. 이 사건은 적어도 어떤 경우에 있어서는 연구대상자들이 알지도 못하고 좋아하지도 않는 자신들의 인체유래물과 데이터의 사용에 관해 매우 불행할 수 있다는 것을 나타낸다.

부록

Ⅰ. 뉴렘버그 강령 – 「인체실험을 위한 지침」

Ⅱ. 헬싱키 선언 – 「인간대상 의학연구 윤리원칙」

Ⅲ. CIOMS 지침–「인간의 건강 관련 연구를 위한 국제 윤리지침」

Ⅰ. 뉴렘버그 강령 - 「인체실험을 위한 지침」

① 연구대상자의 자발적 동의는 필수이다.

② 인간대상연구는 사회의 선을 위해 유익한 결과를 산출할 수 있어야 한다.

③ 인간대상연구를 하기 위해서는 반드시 동물실험이 선행되어야 한다.

④ 연구대상자의 육체적·정신적 고통은 배제되어야 한다.

⑤ 연구대상자의 사망이나 장애의 위험이 예상되는 연구를 수행해서는 안 된다.

⑥ 연구의 위험은 이득에 의해 정당화되어야 한다.

⑦ 부상, 장애, 또는 사망으로부터 연구대상자를 보호하기 위해 충분한 시설이 마련되어야 한다.

⑧ 자격을 갖춘 의과학자들만이 의학연구를 수행할 수 있다.

⑨ 연구대상자는 연구 도중 언제든지 참여를 철회할 수 있다.

⑩ 연구 진행이 연구대상자의 부상, 장애, 또는 사망을 초래할 것 같으면 연구자는 언제든지 연구를 중단해야 한다.

Ⅱ. 헬싱키 선언 - 「인간대상 의학연구 윤리원칙」

1964년 핀란드 헬싱키에서 개최한 제18차 세계의사회 총회에서 채택

1975년 10월 일본 도쿄에서 개최한 제29차 세계의사회 총회에서 개정

1983년 10월 이탈리아 베네치아에서 개최한 제35차 세계의사회 총회에서 재개정

1989년 9월 홍콩에서 개최한 제41차 세계의사회 총회에서 제3차 개정

1996년 10월 남아프리카공화국 소머셋 웨스트에서 개최한 제48차 세계의사회 총회에서 제4자 개정

2000년 10월 스코틀랜드 에든버러에서 개최한 제52차 세계의사회 총회에서 제5차 개정

2002년 미국 워싱턴에서 개최한 제53차 세계의사회 총회에서 제29조의 상술내용 추가

2004년 일본 도쿄에서 개최한 제55차 세계의사회 총회에서 제30조의 상술내용 추가

2008년 10월 한국 서울에서 개최한 제59차 세계의사회 총회에서 제6차 개정

2013년 10월 브라질 포르탈레자에서 개최한 제64차 세계의사회 총회에서 제7차 개정

서 문

1. 세계의사회는 헬싱키 선언을 통하여 개인을 식별할 수 있는 인체유래물이나 정보를 이용하는 연구를 포함한 인간대상의학연구의 윤리원칙을 제안하고 발전시켰다.

   이 선언은 전문을 포괄적으로 이해하여야 하며 각 조항은 관련된 다른 조항을 고려하여 적용하여야 한다.

2. 세계의사회에 위임된 권한에 따라 이 선언은 의사에게 우선적으로 적용한다. 세계의사회는 인간대상의학연구에 관련된 다른 연구자도 이 원칙을 준수하도록 권장한다.

일반 원칙

3. 세계의사회 〈제네바선언〉은 “환자의 건강은 의사의 최우선 직무이여야 한다.”로 의사의 의무를 촉구하며, 〈의료윤리에 관한 국제 강령〉은 “의사는 진료에 임할 때 환자의 최선의 이익에 입각하여 진료하여야 한다.”고 선언한다.

4. 의사의 의무는 의학연구와 관련된 사람을 포함하여 환자의 건강, 안녕 및 권리를 증진시키고 보호하는 것이다. 의사는 지식과 양심에 따라 이 의무를 다하여야 한다.

5. 의학의 발전은 궁극적으로 인간대상의학연구를 포함하는 연구에 기반을 둔다.

6. 인간대상의학연구의 근본적인 목적은 질병의 원인, 발생 과정, 경과를 이해하고, 예방법, 진단절차, 치료법을 향상시키는 데 있다. 입증된 최선의 시술일지라도 안전성, 효과, 효능, 접근성, 질에 대한 지속적인 연구로 재평가하여야 한다.
7. 의학연구는 모든 연구대상자에 대한 존중을 함양하고 보장하며 그들의 건강과 권리를 보호하는 윤리기준을 따라야 한다.
8. 의학연구의 근본적인 목적이 새로운 지식의 창출이지만 이러한 목적이 결코 연구대상자 개인의 권리와 이익보다 우선할 수는 없다.
9. 의학연구를 수행하는 의사는 연구대상자의 생명, 건강, 존엄, 완전성, 자기결정권, 사생활 및 개인정보의 비밀을 보호할 의무가 있다. 연구대상자 보호의 책임은 항상 의사 또는 다른 의료전문가들에게 있으며 비록 그들이 동의를 하였다고 하더라도 결코 그 책임이 연구대상자에게 있지 않다.
10. 의사는 인간대상연구에 있어서 적용 가능한 국제적 규범과 기준뿐 아니라 자국의 윤리적, 법적, 제도적 규범과 기준을 동시에 고려해야 한다. 어떤 국가적 또는 국제적 차원의 윤리적, 법적, 규제 요건도 이 선언에서 제시하는 연구대상자에 대한 보호조치를 축소하거나 없애서는 안 된다.
11. 의학연구는 환경에 미칠 수 있는 위해를 최소화하는 방법으로 수행하여야 한다.
12. 인간대상의학연구는 적절한 윤리적·과학적 교육과 훈련을 받은 자격이 있는 사람이 수행하여야 한다. 환자나 건강한 자원자에 대한 연구는 적절한 자격을 갖추고 숙련된 의사나 관련 의료전문가가 감독하여야 한다.
13. 의학연구에서 그 대표성이 부족할 수 있는 집단에게 연구에 참여할 수 있는 적절한 기회가 제공되어야 한다.
14. 의학연구와 진료를 겸하는 의사는 잠재적 예방, 진단 및 치료의 가치에 의해 연구가 정당화될 수 있는 범위에서만, 그리고 연구 참여

가 연구대상자가 되는 환자의 건강에 부정적으로 영향을 미치지 않을 것이라는 믿을 만한 충분한 근거를 가지고 있는 경우 자신의 환자를 연구에 참여하게 해야 한다.

15. 연구에 참여한 결과로서 해를 입은 연구대상자에게 적절한 배상과 치료를 보장해야 한다.

위험, 부담 및 이득

16. 의료행위와 의학연구에서 대부분의 의학적 중재행위는 위험과 부담을 수반한다. 인간대상의학연구는 연구목적의 중요성이 연구대상자의 위험과 부담보다 더 중대할 경우에 한하여 수행할 수 있다.
17. 모든 인간대상의학연구의 수행에 앞서, 연구대상이 되는 개인과 집단에게 예견할 수 있는 위험 및 부담은 이들과 더불어 그 연구로 영향을 받는 다른 개인이나 집단에게 예측되는 이득과 비교하여 신중한 평가를 선행해야 한다. 위험을 최소화할 수 있는 조치를 하여야 한다. 연구자는 위험을 지속적으로 감시하고 평가하여 기록하여야 한다.
18. 위험을 적절하게 평가하였고 충분히 관리할 수 있다는 확신이 없다면, 의사는 인간대상연구에 참여해서는 안 된다. 위험이 잠재적 이득을 초과하는 것으로 밝혀지거나 확정적 결과에 대한 결정적 증거가 있을 때, 의사는 그 연구를 계속할지, 변경할지 또는 즉각 중단할지 평가를 해야만 한다.

취약한 집단 및 개인

19. 일부 집단과 개인은 특별히 취약하여 부당한 취급을 받거나 추가적인 해를 입을 가능성이 높을 수 있다. 모든 취약한 집단과 개인은 특성에 맞게 배려된 보호를 받아야 한다.
20. 취약한 집단과 함께하는 의학연구는 오직 이 집단의 건강상의 요구나 우선순위에 부합하는 연구이고, 취약하지 않은 집단에서는 수행할 수 없는 연구일 때 정당화된다. 더불어, 이 집단은 해당 연구

결과로 얻은 지식, 의료행위, 또는 중재의 혜택을 받을 수 있어야 한다.

과학적 요건 및 연구계획서

21. 인간대상의학연구는 일반적으로 인정되는 과학적 원칙을 따라야 하고, 과학문헌에 대한 면밀한 지식, 그 밖에 관련된 정보 출처, 적절한 실험, 그리고, 필요할 경우, 동물실험에 기초해야 한다. 연구에 이용된 동물의 복지는 존중되어야 한다.
22. 인간을 대상으로 하는 각각의 연구에 대한 설계와 수행은 계획서에 명확하게 기술하고 그 정당성을 확보하여야 한다. 연구계획서는 관련된 윤리적 고려사항을 명시하여야 하며, 본 선언의 원칙이 어떻게 반영되었는지 기술하여야 한다. 연구계획서는 재원, 의뢰자, 소속 기관, 잠재적 이해상충, 연구대상자 보상 및 이 연구에 참여한 결과로 인해 해를 입었을 경우 연구대상자에 대한 치료 그리고/또는 배상 규정에 관한 정보를 포함하고 있어야 한다. 임상시험의 경우 임상시험 종료 후 적절한 사후관리에 관한 적절한 계획도 기술하여야 한다.

IRB

23. 연구를 시작하기 전에 연구계획서를 관련된 IRB에 심의, 조언, 지도, 승인을 위하여 제출하여야 한다. IRB는 운영에 있어서 투명하여야 하며, 연구자, 의뢰자 그리고 기타 부당한 영향으로부터 독립적이어야 하며, 적법한 절차에 따라 자격을 갖추어야 한다. IRB는 관련된 국제 규범과 기준뿐 아니라, 연구가 수행되는 국가의 법률과 규정을 고려하여야 한다. 그러나 본 선언에서 제시한 연구대상자를 위한 어떤 보호기준도 축소하거나 없앨 수 없다. IRB는 수행중인 연구를 감시할 권한을 가져야 한다. 연구자는 IRB에 감시 정보, 특히 중대한 유해사례에 대한 정보를 제공해야 한다. 연구계획서는 IRB의 심의와 승인이 없이는 변경할 수 없다. 연구가 종료된

후 연구자는 연구결과와 결론의 요약이 포함된 최종보고서를 IRB에 제출해야 한다.

사생활보호와 비밀유지

24. 연구대상자의 사생활을 보호하고 개인정보의 비밀유지를 위해 모든 주의를 기울여야 한다.

충분한 정보에 의한 동의

25. 의학연구 대상자로서 충분한 정보에 의한 동의를 할 수 있는 사람의 참여는 자발적이어야 한다. 연구자는 가족이나 지역사회의 지도자와 의논할 수는 있지만, 충분한 정보에 의한 동의가 가능한 사람이 자유롭게 동의한 것이 아니라면 연구에 등록하여서는 안 된다.
26. 충분한 정보에 의한 동의를 할 수 있는 사람이 관련된 의학연구에서, 각 잠재적인 연구대상자에게 각 연구의 목적, 방법, 재원의 출처, 가능한 모든 이해상충, 연구자의 소속기관, 연구에서 예견되는 이익과 잠재적 위험, 연구에 수반되는 불편, 연구 종료 후 지원, 그리고 기타 연구에 관련된 측면들에 대해 충분하게 설명하여야 한다. 잠재적인 연구대상자에게 어떠한 불이익 없이 연구참여를 거절할 수 있는 권리와, 참여에 대한 동의를 언제든지 철회할 수 있는 권리가 있다는 것을 충분히 설명하여야 한다. 또한, 정보의 전달 방법뿐만 아니라 잠재적인 개별 연구대상자의 특정 정보 요구에도 특별한 주의를 기울여야 한다. 의사 또는 다른 적절한 자격을 갖춘 사람은 잠재적인 연구대상자가 정보를 이해한 것을 확인한 후에 잠재적인 연구대상자의 자발적인 충분한 정보에 의한 동의를 구해야 하며, 동의는 가급적이면 서면으로 받는다. 만약 동의를 서면으로 할 수 없는 경우라면, 증인의 입회 하에 그 사실을 문서로 작성해 두어야 한다. 모든 의학연구의 대상자에게는 연구의 일반적 성과와 결과에 대한 설명을 받을 선택권이 주어져야 한다.
27. 의사는 연구 참여에 대해 충분한 정보에 의한 동의를 구할 때, 잠

재적인 연구대상자가 의사에게 의존적 관계에 있는지 또는 강압에 의해 동의하는지 특히 주의하여야 한다. 그런 상황에서라면 그 관계에서 완전히 독립적인 적절한 자격의 사람이 충분한 정보에 의한 동의를 구해야 한다.

28. 충분한 정보에 의한 동의를 할 능력이 없는 잠재적인 연구대상자인 경우, 의사는 합법적인 대리인에게 충분한 정보에 의한 동의를 구해야 한다. 충분한 정보에 의한 동의를 할 능력이 없는 잠재적인 연구대상자들이 속한 집단의 건강증진을 목적으로 하고, 동의가 가능한 사람으로 대체해서 수행할 수 없고, 최소위험과 최소부담만을 수반하는 연구를 제외하고는 이들은 자신들에게 이익의 가능성이 없는 연구에 포함되어서는 안 된다.

29. 충분한 정보에 의한 동의를 할 능력이 없다고 여겨지는 잠재적인 연구대상자가 연구 참여에 대한 결정에 찬성할 수 있다면, 의사는 합법적인 대리인의 동의와 함께 본인의 찬성을 구해야 한다. 잠재적인 연구대상자의 반대의사를 존중하여야 한다.

30. 예를 들어 의식이 없는 환자와 같이, 신체적 또는 정신적으로 동의능력이 없는 연구대상자를 포함하는 연구는 충분한 정보에 의한 동의를 못하게 하는 신체적 또는 정신적 상태가 연구 대상 집단의 필수적인 특성인 경우에만 수행될 수 있다. 그런 경우 의사는 합법적인 대리인으로부터 충분한 정보에 의한 동의를 구해야 한다. 법정대리인과 접촉할 수 없지만 연구를 지체해선 안 된다면, 동의를 할 수 없는 상태에 있는 환자를 대상으로 하는 구체적인 이유가 연구계획서에 명시되어 있고 IRB가 그 연구를 승인한 경우에만 동의 없이도 연구를 수행할 수 있다. 단, 연구에 계속 참여할지에 대한 동의는 대상자나 그의 합법적인 대리인으로부터 가능한 한 빨리 받아야 한다.

31. 의사는 환자에게 진료의 어떤 측면이 연구와 관계되는지 충분히 알려주어야 한다. 환자가 연구 참여를 거부하거나 참여를 철회하여

도 환자-의사 관계에 부정적인 영향을 미쳐서는 안 된다.

32. 인체유래물은행이나 유사한 저장소에 보관된 인체유래물이나 정보에 관한 연구처럼 개인을 식별할 수 있는 인체유래물이나 정보를 이용하는 의학연구의 경우, 의사는 그 수집, 보관 및 재사용에 관하여 충분한 정보에 의한 동의를 구해야 한다. 동의를 얻는 것이 불가능하거나 비현실적인 예외적 상황은 있을 수 있다. 그런 경우는 IRB의 심의와 승인을 받은 경우에만 수행하여야 한다.

가짜약의 사용

33. 새로운 중재의 이득, 위험, 부담 및 효과는 입증된 최선의 중재의 이득과 위험, 부담, 효과와 비교하여 검증해야 한다. 다음의 경우는 제외한다. 입증된 중재가 없는 경우, 가짜약을 사용하거나 중재를 하지 않는 것이 허용될 수 있다; 또는 강력하고 과학적으로 타당한 방법론적 이유로 인해 입증된 최선의 중재보다 효과가 낮은 중재를 사용하거나, 가짜약을 사용하거나 중재를 하지 않는 것이 어떤 중재의 효능과 안전성을 결정하는 데 필요하며, 입증된 최선의 중재보다 효과가 낮은 중재를 받거나, 가짜약을 받거나, 중재를 받지 않는 환자라도 입증된 최선의 중재를 받지 않은 결과로 인해 중대하거나 돌이킬 수 없는 위해를 입을 추가적인 위험이 없을 경우 허용될 수 있다. 이러한 선택의 남용을 피하기 위하여 최대한의 주의가 취해져야 한다.

임상시험 후 지원

34. 의뢰자와 연구자 및 연구시행 국가의 정부는 임상시험에서 이로운 것으로 확인된 중재가 여전히 필요한 참여자들을 위하여 이들이 임상시험 종료 후에도 이용할 수 있는 지원책을 임상시험에 앞서 마련하여야 한다. 이러한 정보는 충분한 정보에 의한 동의 과정에서 참여자에게 공개하여야 한다.

연구등록 및 결과의 출간 및 배포

35. 모든 인간대상연구는 최초 연구대상자를 모집하기 전에 일반대중이 접근할 수 있는 데이터베이스에 등록하여야 한다.

36. 연구자, 저자, 의뢰자, 편집인 및 발행인은 모두 연구결과의 출간 및 배포에 관한 윤리적 책무를 진다. 연구자는 인간대상연구의 결과를 일반대중에게 공개할 의무가 있으며, 보고의 완성도와 정확성에 책임을 진다. 모든 당사자들은 윤리적인 보고에 대한 인정된 지침을 준수하여야 한다. 긍정적 결과뿐 아니라 부정적이고 확정되지 않은 결과도 출판하거나 다른 방법으로 대중에게 공개하여야 한다. 출판물에는 재원 출처, 소속기관 및 이해상충에 대해 밝혀야 한다. 이 선언의 원칙을 따르지 않은 연구의 보고서는 출간하도록 허용해서는 안 된다.

임상 실무에서 입증되지 않은 중재

37. 입증된 중재가 없거나 다른 중재가 있지만 효과적이지 않은 환자 치료의 경우, 의사의 판단에 의해 그 중재가 환자의 생명을 구하거나 건강을 회복시키거나 또는 고통을 경감할 희망이 있다면, 의사는 전문가의 조언을 구한 후, 환자 또는 합법적인 대리인의 충분한 정보에 의한 동의를 얻어 입증되지 않은 시술방법을 사용할 수 있다. 이 중재는 이후에 그 안전성과 유효성 평가를 위해 고안된 연구의 대상이 되어야 한다. 어떠한 경우라도 항상 새로운 정보는 기록되어야 하고 적절하게 공개되어야 한다.

Ⅲ. CIOMS 지침-「인간의 건강 관련 연구를 위한 국제 윤리지침」

지침 1: 과학적·사회적 가치와 권리 존중

인간의 건강 관련 연구를 수행하기 위한 윤리적 정당성은 과학적·사회적 가치(인류의 건강을 보호하고 증진하기 위해 필요한 지식과 수단을 생산해 내는 것에 대한 기대)인 것이다. 환자, 건강 전문직업인, 연구자, 정책입안자, 공중 보건 공무원, 제약회사 등은 개인과 공중의 건강, 복지, 그리고 한정된 자원의 사용에 영향을 미치는 활동과 결정을 위해 연구 결과에 의존한다. 따라서, 연구자, 의뢰자, IRB, 보건 당국은 제안된 연구가 과학적으로 건전하고, 충분한 사전 지식에 근거해서 설계되고, 가치있는 정보를 생산할 개연성이 있다는 것을 보장해야 한다.

비록 과학적·사회적 가치가 연구 수행을 위한 기본적 정당성이라고는 하지만, 연구자, 의뢰자, IRB, 보건 당국은 모든 연구가 인간의 권리를 지지하는 방법으로 수행되고, 연구가 수행되고 있는 지역사회와 참여자들을 존중·보호하고, 그들을 공정하게 대해야 한다는 것을 보장할 도덕적 의무를 진다. 과학적·사회적 가치가 연구대상자나 지역사회를 잘못 취급하거나 부당하게 하는 것을 정당화할 수는 없다.

지침 2: 저소득(저개발) 국가(지역)에서 수행되는 연구

저소득(저개발) 국가(지역)에서 주민이나 지역사회에 관한 연구를 수행하기 위한 계획을 실시하기 전에, 의뢰자, 연구자, 관련 보건 당국은 그 연구가 수행될 지역사회나 주민의 건강상 필요 또는 우선 순위에 부합할 것을 보장해야 한다.

의뢰자와 연구자는 자신들의 의무의 일환으로, 정부와 그 밖에 관련 이해당사자들과 협력하여, 가능한 한 빨리 어떠한 중재, 개발된 제품, 산출된 지식이라도 그 연구가 수행되고 있는 주민이나 지역사회에 이용가능하도록 하기 위해 그리고 지역 연구 능력을 향상시키는 것을 도우기 위해 모든 노력을 기울여야 한다. 몇몇 사례에서는, 연구의 이득과 부담을 전반적으로 공정하게 배분하는 것을 보장하기 위해, 지역 보건 기반시설에 대한 투자와 같은 추가적인 이득이 주민이나 지역사회에 제공되어야 한다. 그리고 모든 관련 이해당사자들의 책임을 포함하여 모든 중재나 개발된 제품이 이용가능하도록 하기 위한 계획을 작성하는 데 있어서 지역사회와 상담하고 지역사회에 약속해야 한다.

지침 3: 연구에 참여하는 개인과 집단의 선정에 있어서 이득과 부담의 공평한 분배

의뢰자, 연구자, 정부 기관, IRB, 그 밖에 이해당사자들은 연구의 이득과 부담이 공평하게 분배되어야 한다는 것을 보장해야 한다. 연구에 참여할 것을 요청받은 집단, 지역사회, 개인은 사회적 또는 경제적 지위나 조작의 용이성으로 인해 모집되기 쉽다고 해서가 아니라 과학적 이유에 근거하여 선정되어야 한다. 연구로부터 범주(예: 아동, 여성, 임산부, 수유모 등)별로 제외하는 것은 보건상 불균형을 초래하거나 악화시킬 수 있기 때문에, 특별한 보호를 받을 필요성 있는 집단을 제외하는 것은 정당화되어야 한다. 연구에서 얻은 지식으로부터 이득을 얻을 개연성이 없는 집단은 그 연구 참여로 인한 위험과 부담을 불균형되게 받아서는 안 된다. 의학 연구에서 불충분하게 참여되어온 집단은 참여하기 위한 적절한 접근이 제공되어야 한다.

지침 4: 연구의 잠재적인 개별적 이득과 위험

보건 연구에 참여하는 참여자들에게 연구 위험을 부과하는 것을 정당화하기 위해서는 그 연구는 사회적·과학적 가치를 가져야 한다. 잠재적 참여자를 연구에 참여하도록 초청하기 전에 의뢰자와 IRB는 그 연구의 잠재적인 개별적 이득과 사회적·과학적 가치에 관한 전망과 관련하여 참여자들에 대한 위험이 최소화되고 적절히 균형잡혀야 한다는 것을 보장해야 한다.

연구의 잠재적인 개별적 이득과 위험은 2단계 절차에서 평가되어야 한다. 1단계에서는, 개개 연구의 중재나 절차의 잠재적인 개별적 이득과 위험이 평가되어야 한다. 첫째, 참여자들에게 이득을 줄 수 있는 잠재력을 가진 연구의 중재나 절차를 위해서, 만약 위험이 최소화되고 잠재적인 개별적 이득의 전망이 우세하고 이용가능한 증거가, 예견가능한 위험과 이득에 비추어, 중재는 적어도 확립된 효과적인 대안과 마찬가지로 유익할 것이다는 것을 제시한다면, 위험은 수용될 수 있다. 따라서, 일반적 원칙

으로서, 임상시험의 대조군에 참여하는 사람들은 이미 정립된 효과적인 중재를 받아야 한다. 가짜약이 사용될 수 있는 조건은 지침 5–임상시험에서 대조군의 선택–에 규정되어 있다. 둘째, 참여자들에게 이득을 줄 수 있는 잠재력을 가지지 않은 연구의 중재나 절차를 위해서, 위험이 최소화되고 획득되는 지식의 사회적·과학적 가치(일반화할 수 있는 지식으로부터 사회에 대해 예상된 이득)와 관련하여 적절해야 한다. 셋째, 일반적으로, 참여자들의 충분한 정보에 의한 동의를 획득할 수 없거나 타당하지 않을 때에는, 어떠한 잠재적인 개별적 이득을 제공하지 않는 연구의 중재나 절차는 최소위험 이상을 야기해서는 안 된다. 그러나, 다른 인구집단이나 덜 위험하거나 부담스러운 방법으로 필요한 데이터를 수집할 수 없고, 연구의 사회적·과학적 가치가 매우 강력할 때에, IRB는 최소위험보다 약간 증가된 것은 허용할 수 있다(지침 16–충분한 정보에 의한 동의를 할 능력이 없는 성인을 포함하는 연구, 지침 17–아동과 청소년을 포함하는 연구).

2단계에서는, 전체 연구의 총 위험과 잠재적인 개별적 이득이 평가되고 적절히 고려되어야 한다. 첫째, 연구에 있어서 모든 연구의 중재나 절차의 총 위험이 참여자들에 대한 잠재적인 개별적 이득과 연구의 사회적·과학적 가치에 비추어 적절히 고려되어야 한다. 둘째, 연구자, 의뢰자, IRB는 위험을 최소화할 수 있는 전략을 포함하여 그룹과 인구집단에 대한 위험을 또한 고려해야 한다. 셋째, 연구의 잠재적인 개별적 이득과 위험은 연구에 관련되는 지역사회와 협의하여 평가되어야 한다(지침 7–지역사회의 참여).

지침 5: 임상시험에서 대조군의 선택

일반적 원칙으로서, IRB는 진단, 치료, 또는 예방 중재를 받는 대조군의 연구대상자들이 확립된 효과적인 중재를 받아야 한다는 것을 보장해야 한다.

연구 상황상 확립된 효과적인 중재가 없을 때, 또는 확립된 효과적인 중재에 추가될 때 가짜약(Placebo)이 비교용으로 사용될 수 있다.

확립된 효과적인 중재가 있을 때, 가짜약은 ① 가짜약을 사용하기 위한 매우 강력한 과학적 이유가 있고, 그리고 ② 확립된 효과적 중재를 지연하거나 보류하는 것이 대상자에게 최소위험보다 약간 증가하는 위험만을 초래하고 그 위험이, 효과적인 완화 절차의 사용을 통하는 것을 포함하여, 최소화될 때에만 확립된 효과적인 중재를 참여자들에게 제공하지 않고서 비교용으로 사용될 수 있다.

연구의 그 밖에 중재나 절차의 위험과 이득이 지침 4－연구의 잠재적인 개별적 이득과 위험－에 규정된 기준에 따라서 평가되어야 한다.

지침 6: 참여자의 건강상 필요를 위한 돌봄

특별히 임상시험의 맥락에서 연구자와 의뢰자는 연구 수행 동안 대상자의 건강상 필요를 다루기 위해서, 그리고 만약 필요하다면, 연구가 종료될 때에 대상자를 돌보기 위한 보건시설로 이전하기 위해서 충분한 조건들을 결정해야 한다. 대상자의 건강상 필요를 돌보기 위한 의무는, 무엇보다도, 대상자가 도움을 필요로 하고 확립된 효과적 돌봄이 지역적으로 이용가능한 범위 내에서 영향을 받는다.

연구 도중과 이후에 대상자의 건강상 필요가 지역 보건 시설이나 대상자의 기존의 건강 보험에 의해 충족될 수 없을 때에, 연구자와 의뢰자는 지역 보건 당국들, 대상자가 선정된 지역사회의 구성원들, 또는 보건 옹호 그룹들과 같은 비정부 기구들과 함께 대상자를 위한 충분한 돌봄을 위해 사전 협의를 해야 한다.

대상자의 건강상 필요를 다루는 것은 적어도 연구자와 의뢰자가 다음을 위한 계획을 할 것을 요구한다. ① 돌봄이 연구 조건에 어떻게 충분하게 제공될 것인가, ② 연구자가 연구 조건과는 다른 조건을 발견할 때에 연구 동안 돌봄이 어떻게 제공될 것인가(부수적 돌봄), ③ 연구 이후에 돌봄이나 예방적 조치를 계속해서 필요로 하는 대상자를 적절한 보건 시설로 이전하기, ④ 중대한 이득을 증명하고 있는 연구 중재에의 지속적 접근을 제공하기, 그리고 ⑤ 만약 있다면, 대상자들이 시험약과 같이 연구에서 중대한 이득을 증명한 연구 중재에의 지속된 접근을 받을 조건과 모든 사람들의 책임을 결정하기 위해 그 밖에 관련 이해당사자들과 협의하기.

중대한 이득을 증명하고 있는 시험적 중재에 연구 이후에 접근이 제공되고 있을 때에, 그 조건은 연구 중재가 지방 공중 보건 돌봄 시스템을 통하거나 의뢰자, 연구자, 지역사회 구성원이 임상시험 시작 전에 동의한 사전 결정된 기간 이후에 이용가능하게 되자마자 곧 종료될 것이다.

연구 도중과 이후에 대상자의 건강상 필요를 위한 돌봄에 관한 정보는 충분한 정보에 의한 동의 과정에 포함되어져야 한다.

지침 7: 지역사회의 참여

연구자, 의뢰자, 보건당국들과 관련 기관들은 잠재적 대상자들과 지역사회들을 의미있는 참여 과정에 끌어들여야 한다. 의미있는 참여 과정은 그들을 초기에 그리고 지속적 방법으로 연구의 설계, 개발, 집행, 충분한 정보에 의한 동의 과정의 설계, 연구의 모니터링에 그리고 연구 결과의 배포에 포함시키는 것을 말한다.

지침 8: 연구와 연구 심의를 위한 협력적 파트너십과 능력 구축

그러한 연구는 능력있고 독립적인 IRB에 의해 윤리적·과학적으로 심의된다는 것을 보장하는 것은 인간대상 건강 관련 연구를 담당하고 있는 정부 당국의 책임이다. 독립적인 과학적·윤리적 심의는 연구에 대해 지역사회의 신뢰를 생성시키는 데 필수이다(지침 23-IRB의 설치 요건과 연구계획서 심의 요건). 건강 관련 연구는 종종 국제적 협력을 요구하고 몇몇 지역사회들은 자신들의 관할 지역 내에서 제안되거나 수행되고 있는 건강 관련 연구를 평가하거나 과학적 질 또는 윤리적 수용가능성을 보장하는 능력이 결여되어 있다. 이러한 지역사회들에서 연구를 수행할 것을 계획하는 연구자와 의뢰자는 연구와 심의를 위한 능력 구축에 기여해야 한다.

능력 구축은 다음 활동들을 예시적으로 포함할 수 있다:

① 연구 기반 시설 구축과 연구 능력 강화하기
② 주관 지역사회에서 연구 윤리 심의와 감시 능력 강화하기(지침 23-IRB의 설치 요건과 연구계획서 심의 요건)
③ 건강 돌봄과 건강 관련 연구에 적합한 기술들 개발하기
④ 연구 인력과 건강 돌봄 인력을 교육하고 건강 돌봄 인력의 부당한 해고를 회피하기 위해 준비하기
⑤ 연구대상자들이 선정되어질 지역사회와 협력하기(지침 7-지역사회의 참여)
⑥ 인식된 저작권 요건에 일치하는 합동 출판과 데이터 공유를 준비하기
⑦ 연구로부터 얻은 최종적인 경제적 이득을 배분하기 위해 이득 분배 합의를 준비하기

지침 9: 충분한 정보에 의한 동의를 제공할 수 있는 개인들

IRB가 충분한 정보에 의한 동의의 면제나 변경을 승인하지 않는 한(지침 10-충분한 정보에 의한 동의의 변경과 면제), 연구자는 잠재적 연구 대상자들에게 연구에 참여하거나 거절하기 위해 그들의 자유롭고 충분한 정보에 의한 동의를 주기 위한 정보와 기회를 제공해야 하는 의무가 있다. 충분한 정보에 의한 동의는 과정으로서 이해되어야 하고, 대상자들은 아무런 불이익 없이 연구에서 언제든지 철회할 권리를 가진다.

연구자는 ① 연구에 관한 관련 정보를 제공한 이후에만 그리고 잠재적 대상자가 실제 사안들을 충분히 이해하고 있다는 것을 확인한 이후에만 동의를 구하고 얻을 의무를 지고, ② 정당하지 못한 속임수나 관련 정보의 미제공, 부당한 영향력이나 강요를 하지 말아야 할 의무를 지고(지침 10-충분한 정보에 의한 동의의 변경과 면제), ③ 잠재적 대상자가 연구에 참여할지 여부를 고려할 충분한 기회와 시간을 제공받았다는 것을 보장할 의무를 지고, ④ 일반적 원칙으로서, 충분한 정보에 의한 동의의 증거로서 각각의 잠재적 대상자로부터 서명된 동의서를 받아야 한다. 연구자

는 이러한 일반적 원칙에 대한 모든 예외에 대해서 그 정당성을 입증해야 하고 IRB의 승인을 얻어야 하는 의무를 진다.

만약 연구의 상황이나 절차에 실질적 변경이 생기거나 대상자들이 기꺼이 계속하여 연구에 참여할 의도에 영향을 미칠 수 있는 새로운 정보가 이용가능하게 될 경우에는, IRB의 승인을 얻어서 연구자는 개개 대상자의 충분한 정보에 의한 동의를 갱신해야 한다. 장기간 연구에 있어서 연구자는 연구의 설계나 목적에 아무런 변경이 없다고 하더라도 개개 대상자가 연구에 기꺼이 남기를 원한다는 것을 미리 정해진 주기마다 보장해야 한다.

연구를 위해 충분한 정보에 의한 동의를 획득하는 모든 연구자는 이 지침을 준수한다는 것을 보장하는 것이 시험책임자의 의무이다.

지침 10: 충분한 정보에 의한 동의의 변경과 면제

연구자는 IRB로부터 그렇게 해도 된다는 명백한 승인을 받지 않고서는 각 대상자의 또는 법정대리인의 충분한 정보에 의한 동의를 받지 않고는 인간대상연구를 시작해서는 안 된다. 충분한 정보에 의한 동의 면제가 인정되기 전에 연구자와 IRB는 먼저 연구의 일반적 내용을 이해하고 참여할지 여부를 결정할 수 있는 대상자의 능력을 보존하는 방법으로 충분한 정보에 의한 동의가 변경될 수 있는지 여부를 정립할 것을 구해야 한다.

IRB는 ① 연구 수행이 충분한 정보에 의한 동의의 면제나 변경 없이는 타당하지도 실현가능하지도 않을 것, ② 연구가 중요한 사회적 가치를 가질 것, 그리고 ③ 연구가 대상자들에게 최소위험 이상을 초래하지 않을 것이면 충분한 정보에 의한 동의의 면제나 변경을 승인할 수 있다.

충분한 정보에 의한 동의의 면제나 변경이 특정 연구 맥락에서 승인될 때에는 추가적인 조건들이 적용될 수 있다.

지침 11: 인체유래물과 관련 정보의 수집, 보관 및 사용

건강 자료나 고용 자료와 같은 인체유래물 자료와 관련 자료가 수집되어 보관될 때에 기관은 이러한 자료들을 장래 연구에서 사용하기 위한 권한을 획득하기 위해 거버넌스 시스템을 갖추어야 한다. 연구자는 위의 자료들을 위해 인체유래물을 제공한 최초의 사람들의 권리와 복지에 부정적으로 영향을 미쳐서는 안 된다.

연구 목적을 위해 시료가 수집될 때에 특정 사용을 위한 구체적 충분한 정보에 의한 동의 또는 특정되지 않은 장래 사용을 위한 포괄 충분한 정보에 의한 동의가 시료를 제공한 최초의 사람으로부터 획득되어야 한다. 포괄 충분한 정보에 의한 동의에 관한 윤리적 수용가능성은 적절한 거버넌스에 달려있다. 이러한 유형의 동의는 지침 9-충분한 정보에 의한 동의를 제공할 수 있는 개인들-에 규정되어 있는 것과 동일한 방법으로 획득되어야 한다.

인체유래물이 임상 진단이나 치료 후에 남고(남은 조직) 장래 연구를 위해 보관될 때에는 구체적 또는 포괄 충분한 정보에 의한 동의가 사용되거나 충분한 정보에 의한 옵트 아웃 절차에 의해 대체될 수 있다. 이것은 최초 인체유래물 제공자가 명백하게 반대하지 않으면 인체유래물이 보관되고 연구를 위해 사용된다는 것을 말한다. 충분한 정보에 의한 옵트 아웃 절차는 다음 조건들을 충족해야 한다: 1) 환자는 그 절차가 존재한다는 것을 알아야 한다; 2) 충분한 정보가 제공되어야 한다; 3) 환자에게는 자신의 데이터를 철회할 수 있다는 것이 알려져야 한다; 그리고 4) 반대할 수 있는 진정한 가능성이 제공되어야 한다.

연구자가 연구를 위해 장래 사용을 위한 충분한 정보에 의한 정보를 획득하지 않고서 수집되어 보관되어 있는 인체유래물을 과거 연구, 임상 또는 그 밖에 목적을 위해 사용하고자 할 때에는, IRB는 만약 1) 그 연구가 충분한 정보에 의한 동의의 면제 없이는 가능하지 않거나 실현될 수 없을 것이다; 2) 그 연구는 중요한 사회적 가치를 가지고 있다; 그리고 3) 그 연구는 연구대상자 또는 그 참여자가 속한 그룹에 최소위험 이상을 야기하지 않는다면, 각 개인으로부터 충분한 정보에 의한 동의를 받아야 한다는 요건을 면제할 수 있다.

인체유래물 보관자는 연구자와 익명화 또는 코드화된 데이터만을 공유함으로써, 그리고 제3자의 인체유래물에 대한 접근을 제한함으로써 그 인체유래물과 연결된 정보의 비밀을 보호하기 위해 준비해야 한다. 코드 열쇠는 인체유래물 보관자가 가지고 있어야 한다.

인체유래물의 양도는 물질 양도 협약(Material Transfer Agreement, MTA)에 의해서 행해져야 한다.

인체유래물과 그것에 관련된 데이터는 지역 보건 당국과 협력하여 수집되고 보관되어야만 한다. 그러한 수집에 관한 거버넌스 구조는 최초의 기관에 관한 설명을 해야 한다. 만약 시료와 데이터가 최초의 기관의 외부에 보관되어 있으면, 모든 물질을 그 기관에 돌려주고 가능한 결과와 이득을 공유할 규정들이 있어야 한다(지침 3과 지침 8 참조).

지침 12: 건강 관련 연구에서 정보의 수집, 보관 및 사용

데이터가 보관될 때에 기관은 연구에 이런 데이터를 장래에 사용하기 위한 승인을 획득하기 위해 거버넌스 시스템을 가져야 한다. 연구자는 그 데이터를 제공한 최초의 개인의 권리와 복지에 부정적인 영향을 미쳐서는 안 된다.

연구 목적을 위해 데이터가 수집되고 보관될 때에 특정 사용을 위한 구체적 충분한 정보에 의한 동의 또는 특정되지 않은 장래 사용을 위한 포괄 충분한 정보에 의한 동의가 데이터를 제공한 최초의 사람으로부터 획득되어야 한다. 포괄 충분한 정보에 의한 동의에 관한 윤리적 수용가능성은 적절한 거버넌스에 달려있다. 이러한 유형의 동의는 지침 9－충분한 정보에 의한 동의를 제공할 수 있는 개인들－에 규정되어 있는 것과 동일한 방법으로 획득되어야 한다.

데이터가 일상적인 임상 돌봄의 맥락에서 수집되어 사용될 때에 충분한 정보에 의한 옵트 아웃 절차가 사용되어야 한다. 이것은 최초 데이터 제공자가 명백하게 반대하지 않으면 데이터가 보관되고 연구를 위해 사용된다는 것을 말한다. 그러나, 최초의 데이터 제공자의 반대가 인구 기반 레지스트리에 데이터가 포함되도록 강제할 때에는 적용될 수 없다. 충분한 정보에 의한 옵트 아웃 절차는 다음 조건들을 충족해야 한다: 1) 환자는 그 절차가 존재한다는 것을 알아야 한다; 2) 충분한 정보가 제공되어야 한다; 3) 환자에게는 자신의 데이터를 철회할 수 있다는 것이 알려져야 한다; 그리고 4) 반대할 수 있는 진정한 가능성이 제공되어야 한다.

연구자가 연구를 위해 장래 사용을 위한 충분한 정보에 의한 정보를 획득하지 않고서 수집되어 보관되어 있는 데이터를 과거 연구, 임상 또는 그 밖에 목적을 위해 사용하고자 할 때에는, IRB는 만약 1) 그 연구가 충분한 정보에 의한 동의의 면제 없이는 가능하지 않거나 실현될 수 없을 것이다; 2) 그 연구는 중요한 사회적 가치를 가지고 있다; 그리고 3) 그 연구는 연구대상자 또는 그 참여자가 속한 그룹에 최소 위험 이상을 야기하지 않는다면, 각 개인으로부터 충분한 정보에 의한 동의를 받아야 한다는 요건을 면제할 수 있다.

데이터 보관자는 연구자와 익명화 또는 코드화된 데이터만을 공유함으로써, 그리고 제3자의 인체유래물에 대한 접근을 제한함으로써 그 인체유래물과 연결된 정보의 비밀을 보호하기 위해 준비해야 한다. 코드 열쇠는 데이터 보관자가 가지고 있어야 한다.

저소득 국가로부터의 데이터는 지역 보건 당국과 협력하여 수집되고 보관되어야만 한다. 그러한 데이터은행에 관한 거버넌스 구조는 최초의 기관에 관한 설명을 해야 한다. 만약 수집이 최초의 기관의 외부에 보관되어 있으면, 모든 데이터를 그 기관에 돌려주고 가능한 결과와 이득을 공유할 규정들이 있어야 한다(지침 3, 지침 7, 지침 8 참조).

지침 13: 연구대상자에 대한 비용 보전과 보상

여행 비용과 같이 연구 참여 도중에 직접적으로 발생된 비용에 대해서는 대상자에게 합리적으로 보전되어야 하고 불편함과 소비된 시간에 대해 합리적으로 보상되어야 한다. 보상은 금전 또는 비금전으로 지급될 수 있다. 비금전은 연구와 관련없는 무료 건강 서비스, 의료보험, 교육자료, 또는 그 밖에 이득을 포함한다.

보상은 잠재적 대상자들을 그들의 더 나은 판단에 반대해서 연구에 참여할 것을 동의하도록 유도할 정도로 많아서는 안 된다(부당한 유도). IRB는 연구대상자들을 위해서 비용 보전과 보상을 승인해야 한다.

지침 14: 연구와 관련하여 발생한 해(Harms)에 대한 치료와 보상

건강 관련 연구에 참여함으로써 생긴 신체적, 심리적, 또는 사회적 해를 겪고 있는 연구대상자들은 이러한 해에 대해 무상 치료와 재활을 받고, 상실 임금에 대해 적절할 정도로 보상도 받을 것이 보장되어야 한다. 그러한 치료와 보상은, 잘못과는 상관없이, 연구 목적을 달성하기 위해서만 수행된 중재의 결과로 신체적, 심리적, 또는 사회적 해를 겪고 있는 연구대상자들의 권리이다. 연구 참여의 결과로 연구대상자가 사망에 이르게 된 경우 자녀들이 보상받을 자격을 가진다. 연구대상자들은 연구와 관련하여 발생한 해로 인한 무상 치료와 보상받을 권리를 포기하도록 요구받아서는 안 된다.

IRB는 연구와 관련하여 발생한 상해의 치료와 보상에 대한 적절한 대책이 있는지 여부를 결정해야 한다.

지침 15: 취약한 개인과 집단을 포함하는 연구

연구자와 IRB는, 취약한 개인과 집단을 연구대상자로 모집할 것을 고려할 때에, 구체적인 보호 조치가 연구 수행 시 개인과 집단의 권리와 복지를 지키기 위하여 적절히 존재해야 한다는 것을 보장해야 한다.

지침 16: 충분한 정보에 의한 동의를 할 능력이 없는 성인을 포함하는 연구

충분한 정보에 의한 동의를 할 능력이 없는 성인도, 충분한 과학적 이유가 그 배제를 정당화하지 않는 한, 건강 관련 연구에 포함되어야 한다. 충분한 정보에 의한 동의를 할 능력이 없는 성인도 명백한 생리 현상과 보건상 필요성을 가지므로, 연구자와 IRB에 의해 특별한 고려를 받을 만하다. 동시에 그들은 충분한 정보에 의한 동의를 제공할 수 있는 능력이 결여되어 있기 때문에 스스로 자신들의 이해관계를 보호할 수 없다.

충분한 정보에 의한 동의를 할 능력이 없는 성인을 대상자로 하는 연구를 수행하기 전에, 연구자와 IRB는 ① 법정대리인이 허락(permission)을 하고 이 허락은 대상자의 사전에 형성된 (만일 있다면) 선호와 가치를 고려한 것이라는 것을 보장해야 하고, ② 대상자의 승낙(assent)은, 정보를 이해하기 위해 대상자의 능력에 맞추어 그 연구에 관한 충분한 정보가 제공되고 난 후에, 대상자의 능력의 범위 내에서 획득되었다는 것을 보장해야 한다.

대상자가 그 연구 참여 동안 충분한 정보에 의한 동의를 할 수 있는 능력을 갖게 되면, 연구에의 계속 참여에 대한 동의가 획득되어야 한다.

일반적으로, 예외적 상황에서 연구대상자가 충분한 정보에 의한 동의를 줄 수 없는 개인을 위해 최상으로 이용 가능한 의료적 옵션이 고려되어지지 않는다면, 잠재적 대상자의 연구에의 등록 거부는 존중되어야 한다.

충분한 정보에 의한 동의를 할 수 있는 능력을 가지고 있는 동안 연구대상자가 연구 참여를 위한 사전지시서(advance directives)가 있다면, 그 사전지시서는 존중되어야 한다.

충분한 정보에 의한 동의를 할 능력이 없는 성인에게 이득을 줄 수 있는 잠재력을 가진 연구 중재나 절차를 위해, 위험은 최소화되어야 하고 잠재적인 개별적 이득의 예측에 의해 중요시되어야 한다. 대상자를 위해 전혀 잠재적 개별적 이득을 가지고 있지 않은 연구 중재나 절차를 위해서는, ① 충분한 정보에 의한 동의를 줄 수 없는 사람의 참여 없이는 필요한 데이터가 획득될 수 없는 것이 아니라면, 이러한 중재와 절차가 충분한 정보에 의한 동의를 줄 수 있는 사람뿐만 아니라 줄 수 없는 사람에게 영향을 미치는 조건(상태)을 목표로 할 때에는 중재와 절차는 동의를 줄 수 있는 사람에게 먼저 연구되어야 하고, ② 위험은 최소화되어야 하고 최소위험 이상이 되어서는 안 된다는 조건이 적용된다.

그러한 연구 중재와 절차를 지닌 연구의 사회적 가치가 절실히 요구될 때에는, 그리고 이러한 연구가 충분한 정보에 의한 동의를 줄 수 있는 사람에 대해서 수행될 수 없을 때에는, IRB는 최소 위험보다 약간 더 증가한(a minor increase) 위험을 허용할 수 있다.

지침 17: 아동과 청소년을 포함하는 연구

우수한 과학적 이유가 제외를 정당화하지 않는다면, 아동과 청소년은 건강 관련 연구에 포함되어야 한다. 아동과 청소년은 명백한 생리적·보건적 필요성을 가지고 있기 때문에 연구자와 IRB에 의해 특별한 고려를 받을 자격이 있다. 그러나, 그들의 명백한 생리적·감정적 진전상황이 또한 아동과 청소년을 연구 수행에 있어서 해를 받을 수 있는 증가된 위험에 처하게 할 수 있다. 나아가, 적절한 지원 없이는, 그들은 충분한 정보를 줄 수 있는 발전과정 중에 있는 능력으로 인해서 자신들 스스로의 이해관계를 보호할 수 없을 것이다. 연구에서 아동의 권리와 복지를 안전하게 보호해 줄 수 있는 구체적 보호가 따라서 필요한 것이다.

아동과 청소년에 대한 연구를 하기에 앞서 연구자와 IRB는 ① 아동 또는 청소년의 부모 또는 법정대리인이 허락(permission)을 해야 하고, ② 아동 또는 청소년의 승낙(assent)이, 아동 또는 청소년의 성숙도 단계에 맞추어진 연구에 관한 충분한 정보가 제공된 이후에, 그들의 능력에 알맞게 획득되어야 한다는 것을 보장해야 한다.

만약 아동이 연구 참여 도중에 법적 성숙도 나이에 도달하게 되면, 연구에의 계속 참여 여부에 대한 아동의 동의가 획득되어야 한다.

예외적 상황에서, 연구 참여가 아동이나 청소년에게 최상의 의료적 옵션으로 간주되는 것이 아니라면, 일반적으로 아동이나 청소년의 연구 참여나 연구 참여 계속에 대한 거절은 존중되어야 한다.

아동이나 청소년에게 이득을 줄 수 있는 잠재성을 가지고 있는 연구 중재나 절차를 위해서, 위험은 최소화되어야 하고 잠재적인 개별적 이득에 대한 기대가 위험을 능가해야 한다.

대상자에게 어떠한 잠재적인 개별적 이득을 가지고 있지 않은 연구 중재나 절차에 대해서는 ① 아동이나 청소년의 참여 없이는 필요한 데이터가 획득될 수 없는 것이 아니라면, 이러한 중재와 절차가 아동이나 청소년뿐만 아니라 성인에게 영향을 미치는 조건(상태)을 목표로 할 때에는 중재와 절차는 성인에게 먼저 연구되어야 하고, ② 위험은 최소화되어야 하고 최소위험 이상이 되어서는 안 된다는 조건이 적용된다.

그러한 연구 중재와 절차를 지닌 연구의 사회적 가치가 절실히 요구될 때에는, 그리고 이러한 연구가 성인에 대해서 수행될 수 없을 때에는, IRB는 최소위험보다 약간 더 증가한(a minor increase) 위험을 허용할 수 있다.

지침 18: 연구대상자로서의 여성

우수한 과학적 이유가 제외를 정당화하지 않는다면, 여성은 건강 관련 연구에 포함되어야 한다. 여성은 임신할 수 있는 잠재성으로 인해 건강 관련 연구에서 제외되어 왔다. 여성은 명백한 생리적·보건적 필요성을 가지고 있기 때문에 연구자와 IRB에 의해 특별한 고려를 받을 자격이 있다. 연구 참여를 위해서는 참여 여성 자신의 충분한 정보에 의한 동의만이 요구되어야 한다. 몇몇 사회는 여성의 자율성 존중이 결여되어 있기 때문에, 어떠한 경우에도 다른 사람의 허락이 여성에 의한 개별적 충분한 정보에 의한 동의 요건을 대체해서는 안 된다.

임신가능한 여성에게는 연구 참여 도중에 임신하게 된다면 태아에게 가해질 수 있는 위험 가능성에 관한 충분한 정보가 미리 제공되어야 한다. 여성이 임신하게 되면 연구 참여가 태아나 여성에게 해가 될 수 있을 때에는, 의뢰자와 연구자는 연구가 시작되기 전과 진행 중에 임신 테스트, 효과적인 피임방법에 대한 접근을 보장해야 하고 안전하고 적법한 임신중절에 대한 접근을 보장해야 한다.

지침 19: 연구대상자로서의 임산부와 모유 수유 여성

임산부와 모유 수유 여성은 명백한 생리적·보건적 필요성을 가지고 있다. 임산부와 모유 수유 여성의 보건상 필요성과 관련된 지식을 획득하기 위해 설계된 연구는 촉진되어야 한다. 임산부 참여 연구는 최상의 이용가능한 관련 데이터를 신중하게 고려한 이후에만 시작되어야 한다.

어떠한 경우에도 다른 사람의 허락이 임산부나 모유 수유 여성에 의한 개별적 충분한 정보에 의한 동의 요건을 대체할 수는 없다.

임산부, 모유 수유 여성, 태아 또는 유아에게 이득을 줄 수 있는 잠재성을 가지고 있는 연구 중재나 절차를 위해서, 위험은 최소화되어야 하고 잠재적인 개별적 이득에 대한 기대가 위험을 능가해야 한다.

임산부와 모유 수유 여성에게 어떠한 잠재적인 개별적 이득을 가지고 있지 않은 연구 중재나 절차에 대해서는, ① 위험은 최소화되어야 하고 최소위험 이상이 되어서는 안 되고, ② 연구목적이 임산부, 모유 수유 여성, 태아 또는 유아의 특별한 보건상 필요성과 관련된 지식을 획득하기 위한 것이어야 한다.

임산부, 모유 수유 여성, 태아 또는 유아를 위한 그러한 연구의 사회적 가치가 절실히 요구될 때에는, 그리고 이러한 연구가 비임산부나 비모유 수유 여성에 대해서는 수행될 수 없을 때에는, IRB는 최소위험보다 약간 더 증가한(a minor increase) 위험을 허용할 수 있다.

태아와 아동에 관한 단기 추적관찰과 장기 추적관찰이 연구의 중재와 잠재적 위험에 따라 임산부와 모유 수유 여성이 참여하는 연구에서 요구될 수 있다.

일반적 원칙으로, 연구에의 참여가 그러한 임신을 원치 않는 것으로 하는 경우에는, 태아에게 해를 미칠 수 있는 잠재성을 가진 임산부를 포함하는 건강 관련 연구는 안전하고, 적시의 그리고 적법한 임신중절에 대한 접근이 보장될 수 있는 곳에서만 수행되어야 한다.

지침 20: 재난과 질병 창궐 시의 연구

지진, 쓰나미, 쿠데타와 같은 사건으로 발생하는 재난과 질병 창궐은 수많은 사람들의 건강에 갑작스럽고 치명적인 영향을 미칠 수 있다. 재난과 질병 창궐로 인한 건강상 영향을 완화하는 효과적인 방법들을 확인하기 위해서, 건강 관련 연구는 재난 처리의 핵심 부분을 형성해야 한다. 그러나, 연구 수행은 재난의 희생자들에게 부당히 영향을 미쳐서는 안 된다.

재난과 질병 창궐 시의 연구를 수행할 때에는 이 지침에 규정되어 있는 윤리 원칙들을 준수하는 것이 중요하다. 이런 상황 하에서 연구를 수행한다는 것은 지식을 신속하게 창출할 필요, 공중 신뢰를 유지할 필요, 그리고 연구를 수행하는 데에 실제 장애물을 극복할 필요와 같은 중요한 도전을 야기한다. 이러한 도전은 신중하게 연구의 과학적 타당성을 보장하고 수행에 있어서 윤리적 원칙들을 준수할 필요성과 균형을 맞추어야 할 필요가 있다.

연구자, 의뢰자, 국제기구, IRB 및 그 밖에 관련 이해당사자들은 다음을 보장해야 한다:

① 재난과 질병 창궐의 도전적이고 종종 급격히 진화하는 조건 하에서 과학적으로 타당한 결과를 산출하기 위해 연구가 설계되어야 한다(지침 1－과학적·사회적 가치와 권리 존중).

② 재난 희생자들과 재난 지역사회의 건강상 필요성이나 우선권에 연구가 응답해야 하고 재난 상황 이외에서 수행될 수 없다(지침 2－저소득(저개발) 국가(지역)에서 수행되는 연구).

③ 건강 종사자와 같은 특정 모집단이 타깃이 되거나 제외될 때에 참여자는 공정하게 선정되어 충분한 정당성이 주어지게 된다(지침 3－연구에 참여하는 개인과 집단의 선정에 있어서 이득과 부담의 공평한 분배).

④ 연구 참여의 잠재적 부담과 이득 그리고 연구의 가능한 이득은 공평하게 분배되어야 한다(지침 3－연구에 참여하는 개인과 집단의 선정에 있어서 이득과 부담의 공평한 분배).

⑤ 실험적 중재의 위험과 잠재적 개별 이득은 현실적으로 평가되어야 한다. 특히 개발의 초기 단계에 있을 때에 그러하다(지침 4－연구의 잠재적인 개별적 이득과 위험).

⑥ 부가된 실제 다툼을 인식하고 다루는 동안 지역사회는 문화적 민감성을 보장하기 위해 활발히 연구 기획에 관여해야 한다(지침 7－지역사회의 참여).

⑦ 충분한 정보에 의한 동의 면제 조건이 충족되지 않으면 강압의 상황 하에서도 참여자들의 개별 충분한 정보에 의한 동의가 획득되어

야 한다(지침 9-충분한 정보에 의한 동의를 제공할 수 있는 개인들, 지침 10-충분한 정보에 의한 동의의 변경과 면제).

⑧ 연구 결과는 배포되어야 하고, 데이터는 공유되어야 하고, 개발된 어떠한 효과적 중재나 생산된 지식이라도 영향을 받은 지역사회에 이용가능하게 되어야 한다(지침 2, 지침 23).

재난과 질병 창궐 시 연구는 이상적으로 미리 계획되어야 한다. 보건 공무원과 IRB는 적절한, 신속하고 유연한 메카니즘을 보장하기 위한 절차를 개발해야 하고 윤리적 심의와 감독 절차도 개발해야 한다. 예를 들어, IRB는 위기 상황에서 윤리적 심의를 제공하고 신속하게 하기 위해 연구계획서를 사전 점검할 수 있다. 연구자와 의뢰자도 IRB가 미리 심의하는 데이터와 샘플 공유에 관한 사전 점검을 할 수 있다.

의뢰자와 IRB는 재난 상황에서 연구를 수행하는 연구자와 보건 전문직업인에 대한 위험을 평가하고 최소화하기 위해 노력해야 한다. 의뢰자는 이상 반응을 완화하기 위해 연구계획서에 그 계획을 포함해야 한다. 나아가, 완화 조치를 위한 적합한 자원이 연구계획서 예산에 포함되어야 한다.

지침 21: 집단 및 기관을 무작위로 선정하는 임상시험

집단 및 기관을 무작위로 선정하는 임상시험을 시작하기에 앞서서 연구자, 의뢰자, 관련 정부 기관, IRB는 ① 누가 연구대상자인지를 그리고 다른 개인이나 집단이 직접적으로 목표 대상이 되지는 않았을지라도 무엇에 의해 영향을 받는지를 결정해야 하고, ② 환자, 건강 관리 종사자, 또는 특정 연구에 참여하고 있는 지역사회 구성원으로부터 충분한 정보에 의한 동의를 획득하는 것이 요구되거나 타당한지 여부를 결정하고, ③ 충분한 정보에 의한 동의를 요구하고 동의 거절을 허용하는 것이 연구 결과를 무효화하거나 타협하도록 할 수 있는지 여부를 결정하고, ④ 특정한 집단을 무작위로 선정하는 임상시험에서 비중재 집단이 대조군으로서 윤리적으로 수용될 수 있는지 여부를 결정하고, ⑤ 집단 및 기관을 대신하여 참여 여부를 결정할 수 있는 정당한 권한을 가진 지역사회의 지도자,

기관의 장, 또는 지방보건협의회 등으로부터 허락을 받아야 하는지 여부를 결정해야 한다.

지침 22: 건강 관련 연구에서 온라인 환경과 디지털 도구로부터 획득된 데이터의 사용

연구자가 건강 관련 연구를 위한 정보를 획득하기 위하여 온라인 환경과 디지털 도구를 사용할 때에는 개인정보가 직접적으로 노출되거나 그렇지 않다면 데이터세트가 출간되거나, 공유되거나, 결합되거나 링크될 때에 추론될 수 있는 가능성으로부터 개인을 보호하기 위해 프라이버시를 보호하는 방법을 사용해야 한다. 연구자는 연구의 프라이버시 위험을 평가해야 하고, 이러한 위험을 가능한 한 많이 완화해야 하고, 연구계획서에 남아있는 위험을 기술해야 한다. 연구자는 연구의 모든 단계에서 수집한 데이터와의 상호 작용을 예상하고, 통제하고, 모니터하고, 심의해야 한다.

연구자는 자신의 데이터가 온라인 환경에서 연구의 맥락에서 사용될 수 있는 개인에게 ① 데이터와 정보의 의도된 사용의 목적과 내용, ② 데이터를 보호하기 위해 사용된 프라이버시와 보안 방법과 모든 관련된 프라이버시 위험, ③ 사용된 방법의 한계와 안전장치가 있음에도 불구하고 남아있을 수 있는 프라이버시 위험에 관한 충분한 정보를 제공해야 한다.

연구자가 요청한 사람이 거절한 경우에는, 연구자는 이 사람의 데이터를 사용해서는 안 된다. 이 충분한 정보에 의한 옵트 아웃 절차는 다음 조건들을 충족해야 한다: 1) 환자는 그 절차가 존재한다는 것을 알아야 한다; 2) 충분한 정보가 제공되어야 한다; 3) 환자에게는 자신의 데이터를 철회할 수 있다는 것이 알려져야 한다; 그리고 4) 반대할 수 있는 진정한 가능성이 제공되어야 한다.

사람들과 직접적 상호작용 없이 공개적으로 접근할 수 있는 웹사이트를 통해 개인과 집단에 관한 데이터를 수집하는 연구자는 최소한 웹사이트 소유자로부터 허락을 받아야 하고, 연구 목적을 게재해야 하고, 그리고 공개된 웹사이트 사용 조건을 보장해야 한다.

연구자는 온라인 환경과 디지털 도구로부터 획득된 데이터가 연구의 잠재적 위험과 그 잠재적 위험이 어떻게 완화되는지와 함께 어떻게 취급될 것인지를 연구계획서에 기술해야 한다.

지침 23: IRB의 설치요건과 연구계획서 심의요건

인간의 건강 관련 연구를 수행하기 위한 모든 연구계획서는, 윤리적 심의 면제가 되지 않는 한, 윤리적 적합성과 윤리적 수용 가능성 평가를 위해 IRB에 제출되어야 한다. 연구자는 연구를 시작하기 전에 IRB의 승인을 받거나 면제를 받아야 한다. IRB는 연구계획서의 중대한 변경이 있을 때처럼 필요하면 추가적인 심의도 해야 한다. IRB는 이 지침에서 규정되어 있는 원칙에 따라 연구계획서를 심의해야 한다. IRB는 공식적으로 설치되어야 하고 명확하고 투명한 절차에 따라 적시의 그리고 효율적인 심의를 보장하기 위해 충분한 권한과 지원도 제공받아야 한다. IRB 위원들은 적절한 자격을 갖추어야 하고 건강 관련 연구의 윤리적 측면에 관한 지식을 정기적으로 업데이트해야 한다. IRB는 운영의 독립성을 보장하기 위한 메카니즘을 가져야 한다. 다른 기관이나 다른 나라의 IRB는 외부 지원을 받는 다기관 연구인 경우에는 효율적인 소통 수단을 정립해야 한다. 외부 지원 연구에서는 주관 기관과 지원 기관 모두에서 윤리적 심의가 행해져야 한다. IRB는 연구자 또는 의뢰자가 IRB의 결정에 대해 적법한 이의신청을 할 수 있는 명확한 절차를 가져야 한다.

지침 24: 건강 관련 연구에 있어서 공공 책임

건강 관련 연구의 사회적·과학적 가치를 현실화하기 위해서 공공 책임이 필요하다. 그러므로, 연구자, 의뢰자, IRB, 자금지원자, 편집자, 발간인은 연구와 그 결과를 위해 인정된 출판 윤리를 준수할 의무를 진다.

연구자는 전향적으로 연구를 등록해야 하고, 결과를 출판하고 결과가 적시의 방법으로 근거가 되는 데이터를 공유해야 한다. 모든 연구의 긍정적 결과뿐만 아니라 부정적·비결론적 결과도 발간되어야 하거나 그렇지 않다면 공개적으로 이용가능하게 되어야 한다. 연구로부터 결과하는 모든 출판과 보고서는 IRB가 그 연구를 승인하였다는 것을 나타내어야 한다.

연구자와 의뢰자는 또한 지난 연구에 관한 정보와 지난 연구로부터의 데이터를 공유해야 한다.

지침 25: 이해상충

건강 관련 연구의 1차 목표는, 윤리적으로 적절한 방법으로 사람들의 건강을 촉진하기 위해 필요한 지식을 산출하는 것이다. 그러나 연구자, 연구기관, 의뢰자, IRB, 정책입안자는 연구의 윤리적 수행과 상충할 수 있는 다른 이해(예: 과학적 인정 또는 재정적 이득)를 가지고 있다. 건강 관련 연구의 1차 목적과 2차 이해 간의 그러한 상충은 이해상충으로 정의된다.

이해상충은 연구 질문과 방법, 참여자의 모집과 유지, 데이터의 해석과 공표, 그리고 연구의 윤리적 심의에 영향을 미칠 수 있다. 그러므로 그러한 이해상충을 확인하고, 완화하고, 제거하고 또는 달리 관리할 수 있는 정책과 절차를 개발하고 집행하는 것이 필요하다.

연구기관, 연구자, IRB는 다음 단계를 취해야 한다:

① 연구기관은 이해상충을 완화하기 위한 정책과 절차를 개발하고 집행해야 하며 그러한 상충에 관해 직원들을 교육해야 한다.

② 연구자는 IRB에 제출된 자료들은 그 연구에 영향을 미칠 수 있는 이해의 공개를 포함한다는 것을 보장해야 한다.

③ IRB는 각 연구를 공개된 이해에 비추어 평가해야 하고 완화하기에 적절한 수단이 이해상충의 경우에 취해져야 한다는 것을 보장해야 한다.

④ IRB는 위원들에게 IRB에 자신들의 이해를 알리도록 요구하여야 하고 이해상충의 경우에 완화하는 적절한 수단을 취해야 한다(지침 23−IRB의 설치요건과 연구계획서 심의요건).

색 인

ㅂ

ㅅ

[영문색인]

[저자 소개]

고려대학교 법과대학 졸업(법학사, 법학석사, 법학박사과정 수료)
미국 인디애나대학교 로스쿨 졸업(법학석사(LLM), 법학박사(SJD))
현재 숙명여자대학교 법과대학/법학연구소 교수
현재 제5기 국가생명윤리심의위원회 위원
현재 국가줄기세포은행 심의위원회 위원
현재 숙명여자대학교 생명윤리위원회 위원(위원장)
현재 국가생명윤리정책원 공용 IRB 위원(제3위원회 위원장)
현재 (사)대한기관윤리심의기구협의회(KAIRB) 교육위원회 이사
현재 2단계 바이오이종장기개발사업단 운영위원회 위원
제4기 국가생명윤리심의위원회 위원(부위원장) 역임
2단계 바이오이종장기개발사업단 윤리위원회 위원(위원장) 역임
생명윤리와 법의 이해(저서), IRB/(바이오)의약품법/행정법 분야 논문과 연구보고서 다수 발표

IRB와 법의 이해

2019년 9월 2일 초판 인쇄
2019년 9월 5일 초판 발행

저 자 박 수 헌
발행인 이 구 만
발행처 유원북스

04091 서울특별시 마포구 토정로 222, 416호
(신수동, 한국출판콘텐츠센터)
대표전화 (02)593-1800 Fax (02)6455-1809
등록 2011. 9. 6. 제25100-2012-3호
www.uwonbooks.com uwbooks@daum.net

정 가 18,000원 ISBN 979-11-6288-091-3 93360

이 도서의 국립중앙도서관 출판예정도서목록(CIP)은 서지정보유통지원시스템 홈페이지(http://seoji.nl.go.kr)와 국가자료종합목록 구축시스템(http://kolis-net.nl.go.kr)에서 이용하실 수 있습니다. (CIP제어번호 : CIP2019031912)